Wir kennen nur ein Ziel,
das die gesamte Politik
unserer Partei durchdringt:
alles zu tun für das
Wohl der Menschen,
für das Glück des Volkes,
für die Interessen
der Arbeiterklasse
und aller Werktätigen.
Das ist der Sinn
des Sozialismus.
Dafür arbeiten
und kämpfen wir.

Erich Honecker auf dem VIII. Parteitag der SED, 1971

ERICH HONECKER

Ein Leben für das Volk

Verlag Neues Leben Berlin

Presse

Presse

Frühe
Kindheitserfahrungen –
das Bergarbeiterdasein
an der Saar,
Hunger und soziale Not,
die Folgen des ersten
Weltkrieges in den
Familien, aber auch
die Streikkämpfe
der Bergarbeiter und die
Novemberrevolution 1918 –
ließen mich begreifen,
daß die Gesellschaft, in
der ich aufwuchs,
durch die Gegensätze
und den Kampf der
Klassen geprägt war.

Die Quellenangaben
der Zitate aus Reden und Schriften von Erich Honecker
auf den Seiten 298/299

Meine Eltern hatten sechs Kinder, drei Jungen und drei Mädchen. Nach jetzigen Maßstäben ist das eine große Familie, aber damals war das eine gewöhnliche Bergarbeiterfamilie. Als der erste Weltkrieg begann, hatte ich gerade das zweite Lebensjahr vollendet. Vater wurde zur kaiserlichen Armee eingezogen, er diente als Matrose in Kiel und war Mitglied der Unabhängigen Sozialdemokratischen Partei Deutschlands, die bekanntlich gegen den Krieg war. 1918 nahm er an der Novemberrevolution in Kiel teil, kehrte nach Wiebelskirchen zurück und reihte sich dort in den Kampf ein. Allerdings rückten . . . schon bald darauf die französischen Besatzungstruppen ins Saargebiet ein, die Arbeiter- und Soldatenräte wurden aufgelöst, und Vater kehrte in die Grube Deschen zurück, wo er bis zu seiner Entlassung 1935 Vertrauensmann der Kumpel war. Warum erinnere ich an die Geschichte? Damit klar wird, warum in unserer Familie die hohen Ideale der Revolution, die Ideen der heimtückisch ermordeten Führer der deutschen Arbeiterklasse, Karl Liebknechts und Rosa Luxemburgs, immer heilig waren. Und natürlich hatten auch die Ideen des Oktober und Lenins, den alle Arbeiter als großen Führer der Weltrevolution ansahen, großen Einfluß auf unsere Familie.
In dem Ort, wo ich meine Kindheit verbracht habe, war der Einfluß der Kommunisten groß. An dem Tag, als Lenin starb, wurde in der Volksschule, an der ich lernte, der Unterricht unterbrochen. So kam es auch, daß ich seit frühester Kindheit mit den Ideen des Klassenkampfes, den Ideen des Kommunismus vertraut gemacht wurde.

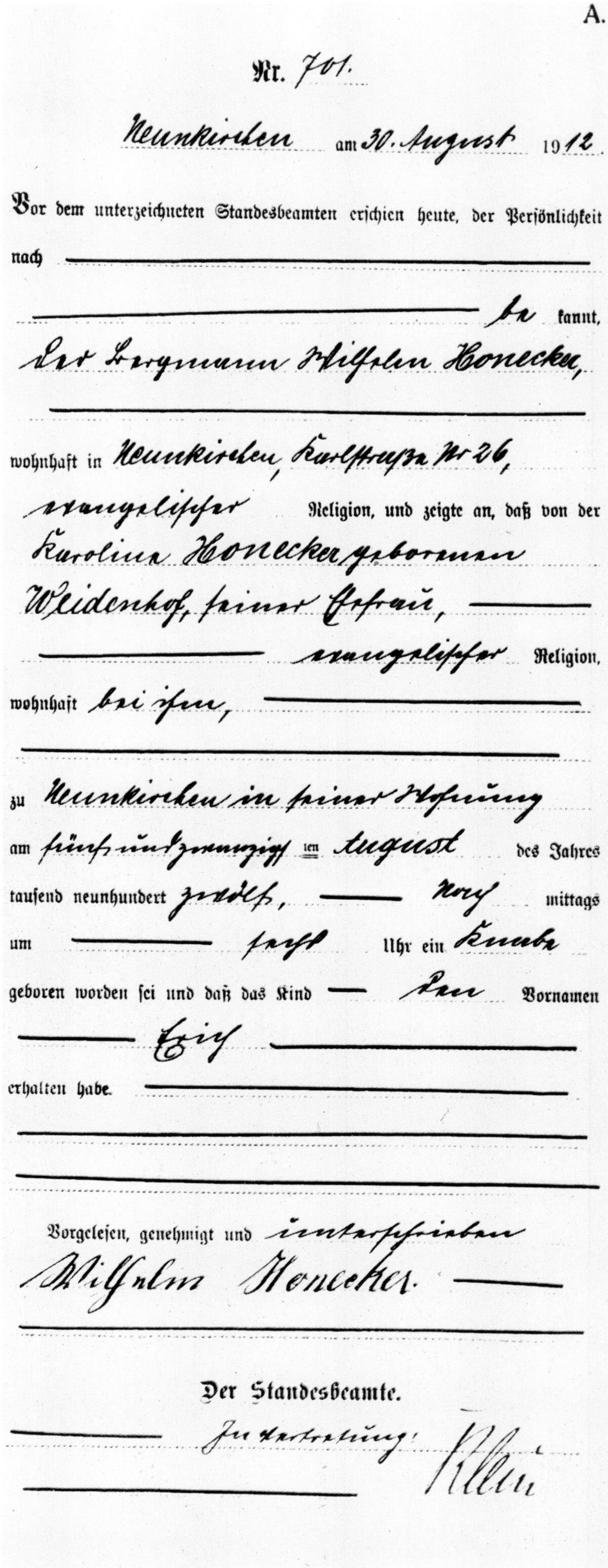
A.

Nr. 701.

Neunkirchen am 30. August 1912

Vor dem unterzeichneten Standesbeamten erschien heute, der Persönlichkeit nach ——— bekannt, der Bergmann Wilhelm Honecker, ——— wohnhaft in Neunkirchen, Karlstraße Nr 26, evangelischer Religion, und zeigte an, daß von der Karoline Honecker geborene Weidenhof, seiner Ehefrau, ——— evangelischer Religion, wohnhaft bei ihm, ——— zu Neunkirchen in seiner Wohnung am fünfundzwanzigsten August des Jahres tausend neunhundert zwölf, ——— vor mittags um ——— sechs Uhr ein Knabe geboren worden sei und daß das Kind ——— den Vornamen ——— Erich ——— erhalten habe. ———

Vorgelesen, genehmigt und unterschrieben
Wilhelm Honecker. ———

Der Standesbeamte.
——— In Vertretung: Klein

Geburtsurkunde Erich Honeckers

RECHTE SEITE
Die Eltern Karoline (1883–1963) und Wilhelm Honecker (1881–1969)

OBEN
Blick auf die Industriestadt Neunkirchen, ein Zentrum der Arbeiterbewegung, den Geburtsort Erich Honeckers, dargestellt nach einer Zeichnung von K. Winkler aus dem vorigen Jahrhundert

RECHTE SEITE
OBEN
In dem vom Großvater ererbten Bergarbeiterhaus in der Wilhelmstraße 64 (heute Kuchenbergstraße 88) in Wiebelskirchen lebte die Familie Honecker seit Dezember 1913

UNTEN
Die evangelische Schule in der Hochstraße (heute Prälat-Schütz-Straße) von Wiebelskirchen, die Erich Honecker von der dritten bis zur achten Klasse besuchte

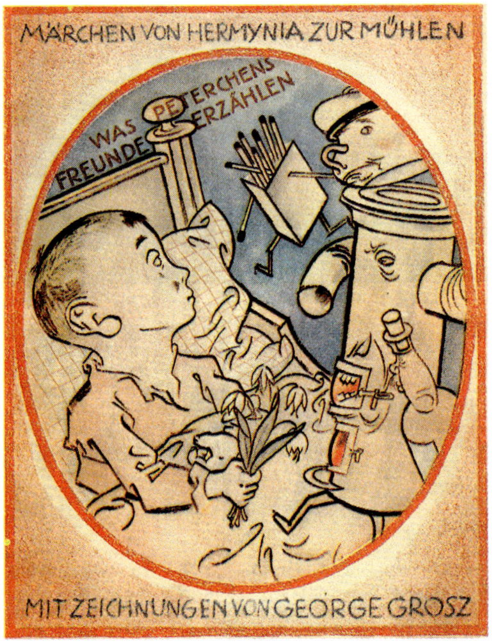

Titelblätter von Zeitungen, Zeitschriften und Broschüren, die vom Jung-Spartakus-Bund beziehungsweise vom KJVD für Arbeiter- und Bauernkinder herausgegeben wurden, sowie von Kinderbüchern der Schriftstellerin Hermynia Zur Mühlen, die sich schon frühzeitig an die Seite der revolutionären Arbeiterbewegung gestellt hatte und deren Bücher Erich Honecker als Kind besonders gern las

OBEN
Zur kommunistischen Kindergruppe in Wiebelskirchen gehörten rund 50 Mädchen und Jungen im schulpflichtigen Alter, unter ihnen – seit 1922 – Erich Honecker (1) sowie seine Schwestern Gertrud (2) und Frieda (3)

MITTE
Seit 1925/26 bestand in Wiebelskirchen ein Spielmannszug des RFB. Mitglieder der Schalmeienkapelle waren auch Erich Honecker (1. Reihe rechts), sein Vater (1. Reihe Mitte) und sein Bruder Willi

UNTEN
Erich Honecker (links stehend) in einer Gruppe des Kommunistischen Jugendverbandes in Wiebelskirchen, 1931. Seit 1926 Mitglied im KJVD, wurde ihm 1928 die politische Leitung der Ortsgruppe übertragen, von 1929 bis 1933 war er Mitglied der Bezirksleitung des Saargebiets des KJVD

1
2

OBEN
Französische Truppen besetzen nach dem Versailler Vertrag das Saargebiet. Ende 1918 ziehen sie auch in Neunkirchen ein

MITTE/UNTEN
Die Kommunistische Partei und ihre Kinder- und Jugendorganisationen stellten gemeinsam mit den französischen Klassenbrüdern den Geist des proletarischen Internationalismus gegen den chauvinistischen und militaristischen Ungeist. Als Mitglied von Jung-Spartakus sah Erich Honecker bei einem Treffen mit kommunistischen Kindergruppen aus Frankreich die Weltkriegs-Schlachtfelder von Verdun; er verehrte die Helden der Pariser Kommune und legte 1933 an der Mauer der Föderierten auf dem Friedhof Père-Lachaise in Paris Blumen nieder

LINKE SEITE
Demonstration des Kommunistischen Jugendverbandes Deutschlands zum 17. Internationalen Jugendtag in St. Ingbert, Saargebiet, 6. September 1931.
Im Demonstrationszug die Schwester Erich Honeckers, Gertrud (1), und Erich Honecker (2)

Im November 1932 war es das letztemal, als es mir persönlich vergönnt war, Ernst Thälmann zu sehen, mit ihm zu sprechen und ihn sprechen zu hören. Das war auf der Sitzung des Zentralkomitees des Kommunistischen Jugendverbandes Deutschlands in Prieros bei Berlin. Wir hatten zuerst das Referat des Vorsitzenden des Kommunistischen Jugendverbandes über die Lage und den Kampf der deutschen Arbeiterjugend gegen den Faschismus entgegengenommen. Gleichzeitig hatten wir alle jene Bestrebungen verurteilt, die damals die KPD vom Kampf um die Herstellung der Einheitsfront, das heißt vom Kampf gegen die Machtergreifung des Faschismus, wegführen sollten.

Nach einer sehr inhaltsreichen Diskussion von Vertretern fast aller Bezirke hat dann Ernst Thälmann zu uns gesprochen. Ich erinnere mich noch genau, wie er vor uns stand. Ich kann hier natürlich nicht alle Gedanken seiner damaligen Rede wiedergeben. Aber eines habe ich selbst in der tiefsten Nacht des Faschismus, sogar im Zuchthaus, nicht vergessen. Ernst Thälmann sagte damals: Nicht nur ihr Jungen, sondern auch wir Alten werden noch den Sieg des Sozialismus in Deutschland erleben!

Nun, wir wissen, Ernst Thälmann hat diesen Sieg nicht mehr erlebt, und der Sieg wurde auch nicht in ganz Deutschland errungen.

Aber in der Deutschen Demokratischen Republik haben wir das erfüllt, was die Kommunistische Partei Deutschlands stets auf ihrem Programm hatte: die Errichtung der Arbeiter-und-Bauern-Macht.

RECHTE SEITE
Das 5. Reichsjugendtreffen des KJVD im April 1930 in Leipzig vereinte Zehntausende Jungkommunisten mit zahlreichen Gruppen der Sozialistischen Arbeiterjugend und christlich orientierten Jungarbeitern. Auf der großen Kundgebung sprach vor rund 100000 Jugendlichen der Vorsitzende der KPD, Ernst Thälmann. Erstmals erlebte Erich Honecker Ernst Thälmann aus nächster Nähe

Erich Honecker
als Student
der Lenin-Schule

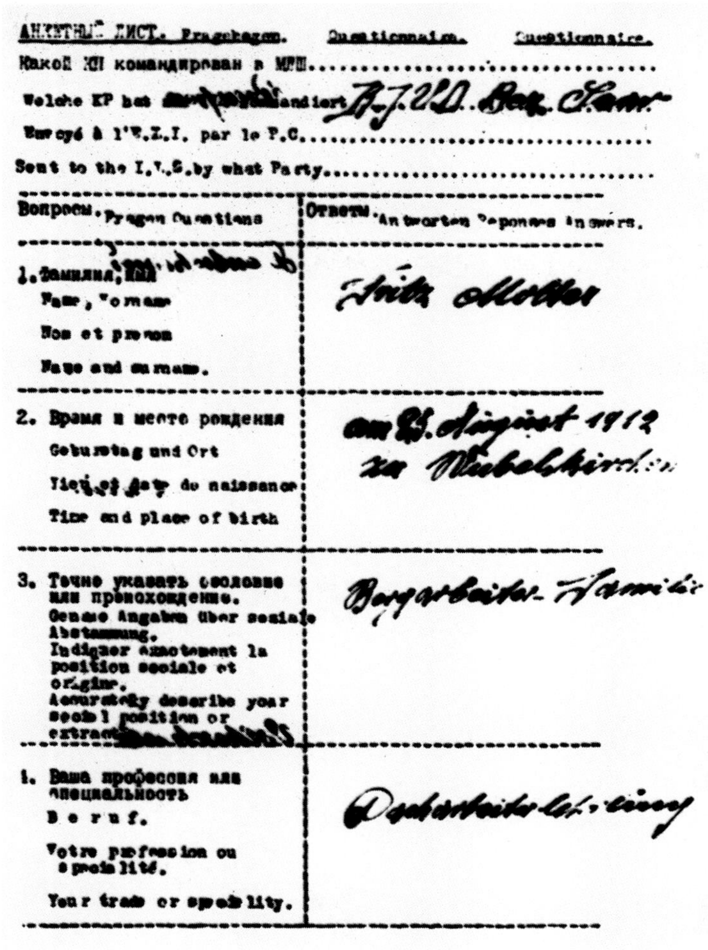

АНКЕТНЫЙ ЛИСТ. Fragebogen. Questionnaire. Questionnaire.

Какой КП командирован в МЛШ..........

Welche KP hat ... delegiert ... K.J.V.D. Bez. Saar

Envoyé à l'E.L.I. par le P.C. ....

Sent to the I.L.S. by what Party..........

Вопросы. Fragen Questions	Ответы. Antworten Reponses Answers.
1. Фамилия, имя Name, Vorname Nom et prenom Name and surname.	Fritz Molter
2. Время и место рождения Geburtstag und Ort Lieu et date de naissance Time and place of birth	am 25. August 1912 zu Neunkirchen
3. Точно указать сословие или происхождение. Genaue Angaben über soziale Abstammung. Indiquer exactement la position sociale et origine. Accurately describe your social position or extraction.	Bergarbeiter-Familie
4. Ваша профессия или специальность Beruf. Votre profession ou specialité. Your trade or speciality.	Dachdeckerlehrling

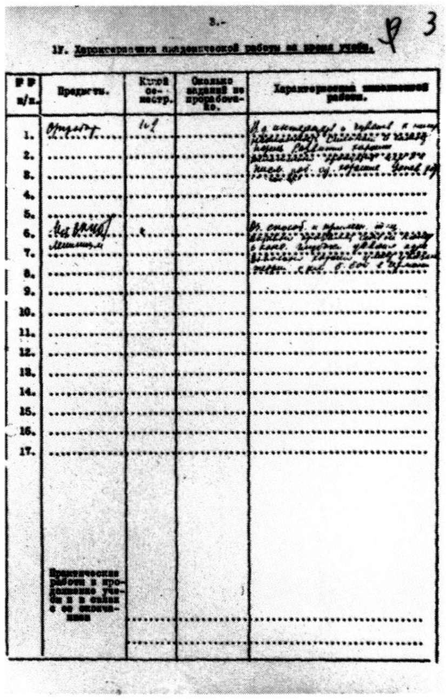

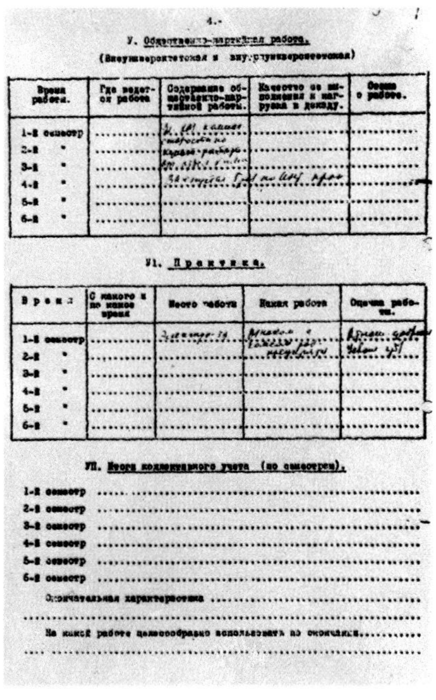

Charakteristik
über den Besuch
der Leninschule:

Zeigte beim Studium Interesse und Fähigkeiten, ein starker und selbständiger Junge. Er wird zur Abhaltung der Prüfung empfohlen.

Einschätzung: schriftliche Arbeiten – gut; Studienergebnisse – gut.

Ein sehr begabter und fleißiger Genosse. Tat sich durch seine aktive Beteiligung an Konferenzen und Konsultationen hervor. Hat sich den Inhalt des Lehrgangs gründlich angeeignet. Versteht es ganz gut, die Theorie mit dem Klassenkampf in Deutschland zu verbinden.

Einschätzung der Arbeit

Erfüllte den Auftrag gewissenhaft; Wissensaneignung – Note 5!

OBEN RECHTS

Vom August 1930 bis August 1931 besucht Erich Honecker einen Lehrgang der Kommunistischen Jugendinternationale an der Lenin-Schule in Moskau. Das Gebäude der Lenin-Schule in der damaligen Uliza Worowskowo

UNTEN LINKS

Aus dem Fragebogen Erich Honeckers (Deckname: Fritz Molter)

Im August 1930 besuchte ich zum ersten Mal in meinem Leben, als Mitglied der Partei Ernst Thälmanns, der Kommunistischen Partei Deutschlands, das Land des siegreichen Oktober. Ich verspürte zutiefst die Kraft revolutionärer Veränderung, die von ihm ausging. Es war die Zeit der entfalteten Offensive des Sozialismus an der ganzen Front. Mit innerer Bewegung wurden wir deutschen Kommunisten Zeuge der geschichtlichen Leistungen, die das Sowjetvolk, geführt von seiner bolschewistischen Partei und ihrem Zentralkomitee, unter schwierigen inneren und äußeren Bedingungen vollbrachte.

Als Mitglied einer Gruppe deutscher Jungkommunisten, die als internationale Brigade im Sommer 1931 in den Südural nach Magnitogorsk fuhr, beteiligte sich Erich Honecker beim Aufbau des Metallurgischen Kombinats «W. I. Lenin», eines Schwerpunktobjekts des ersten sowjetischen Fünfjahrplans

DAS ROTE SAARLIED

Reich ist der Erde Schatz, reich ist die Beute.
Reich ist das goldne Land an der Saar.
Arm sind die Bauern und die Arbeitsleute,
Die den Reichtum schaffen in Not und Gefahr.
Arm ist der Kumpel, der sich placken muß,
Denn er hat keinen Teil am Überfluß.

Refrain:
Nehmt den Hammer und die Sichel zur Hand!
Macht die Befreiung wahr!
:,: Und schafft ein rotes deutsches Räteland,
Eine freie rote Saar! :,:

Hoch türmt die Kohle sich, Korn in den Speichern.
Aber der Arbeiter darbt und friert,
Daß sich die Herrn an seiner Not bereichern.
Weh dem Kumpel, der für sein Recht rebelliert!
Hart ist der Knüppelschlag der Polizei.
Und der Richter spricht nur Faschisten frei.

Refrain:
Nehmt den Hammer und die Sichel zur Hand!
Macht die Befreiung wahr!
:,: Und schafft ein rotes deutsches Räteland,
Eine freie rote Saar! :,:

Nicht für das Dritte Reich sei die Parole,
Auch nicht für Frankreichs Schwerindustrie;
Nicht für die Herrn über Stahl und Kohle,
Auch ein Völkerbund bringt die Freiheit uns nie.
Kumpels und Bauern, macht Euch selber frei
Von Faschismus und Not und Sklaverei!

Refrain:
Nehmt den Hammer und die Sichel zur Hand!
Macht die Befreiung wahr!
:,: Und schafft ein rotes deutsches Räteland,
Eine freie rote Saar! :,:

«Das Rote Saarlied»,
Text von Erich Weinert,
Musik von Paul Arma

Erich Weinert, hier auf einer Kundgebung am 23. August 1931 im Neuköllner Stadion in Berlin, trat mit Erich Honecker auf vielen antifaschistischen Versammlungen und Kundgebungen im Saargebiet auf

RECHTE SEITE
In vielen Artikeln erläuterte Erich Honecker die revolutionäre Massenpolitik der KPD und des KJVD, insbesondere das Programm zur nationalen und sozialen Befreiung des deutschen Volkes und die Notwendigkeit der Schaffung der antifaschistischen Einheitsfront

Genossen, schreibt auch auf: 6. April, Antikriegstag – 19. April, Reichsarbeitslosentag

Arbeiter Zeitung

Organ der K.P.D. Bezirk Saar

11. Jahrgang — Nr. 75
Dienstag, 29. März 1932

Arbeitsmann!

Im Feuer des antiimperialistischen Massenkampfes

Kampfkundgebung der proletarischen Jugend

Der 7. Reichsjugendtag im Saargebiet eine Heerschau revolutionärer Freiheitskämpfer – Tausende auf der Kundgebung und in den Straßen – Polizeiprovokationen und Verhaftungen

Die kampfbegeisterte proletarische Jugend marschiert!

„Eiserne Front" – Kriegsfront

Die Eröffnungskundgebung im Saalbau

Trotz Verbot, Demonstration

Arbeiter-Zeitung

Nr. 7 / 12. Jahrgang

Organ der Kommunistischen Partei Deutschlands, Bezirk Saar • • Sektion der Kommunistischen Internationale

Sonntag-Montag Jugend-Sonderausgabe 8.-9. Januar 1933

Jugend, stürme für deine Freiheit! Von Erich Honecker

Aus dem Inhalt:
Jugend im Kampf an der betrieblichen Front.
Das ZK. des KJVD. an die Saar-Jugend.
Arbeitslose Jugend im Kampf.
Für die Arbeiter- und Bauernrepublik.
Welt-Jugendkongreß gegen imperialistischen Krieg.
Moskau baut eine U.-Bahn.
Streik gegen Krieg.

Der Verlauf des Saarjugendkongresses

Saarjugend im Einheitskampf

Jugend aus aller Welt an der Seite des Kampfes gegen den Hitlerfaschismus

Nur noch 26 Tage bis zum 13. Januar

Erich Honecker

In der Diskussion

Über die Grenzen hinweg

Sozialpolitischer Kampfkongreß

929 Delegierte, davon die Hälfte Frauen, aus allen Schichten des Saarvolks / Status quo bedeutet Sicherung aller feierlich garantierten Renten / Anschluß an Hitler bedeutet Raub und Zerschlagung aller sozialpolitischen Rechte!

Vorwärts, du junge Garde der Volksrevolution!

Unter Führung des KJVD. und der RGO.-Jugend, verwirklicht die Beschlüsse des Jungarbeiter-Kongresses

von E. H.

Unser Kampf gegen Doppeljoch und Domanialschule

Die Jugend kommt zu uns

Hallo!

Am Sonntag, dem 26. Juli großer Presse-Ball der „Jungen Garde", „Trommel" und der „Arbeiter-Zeitung" im Lokale Riedschy Dudweiler.

Der Ruf der neuen Kämpfer

Jungdelegierte aus SAJ. – Hitlerjugend – „Christlicher Jungknappenverein" und „Katholischer Agnesverein" erklären ihren Eintritt in den KJVD.

Erklärung

Erklärung

Resolution

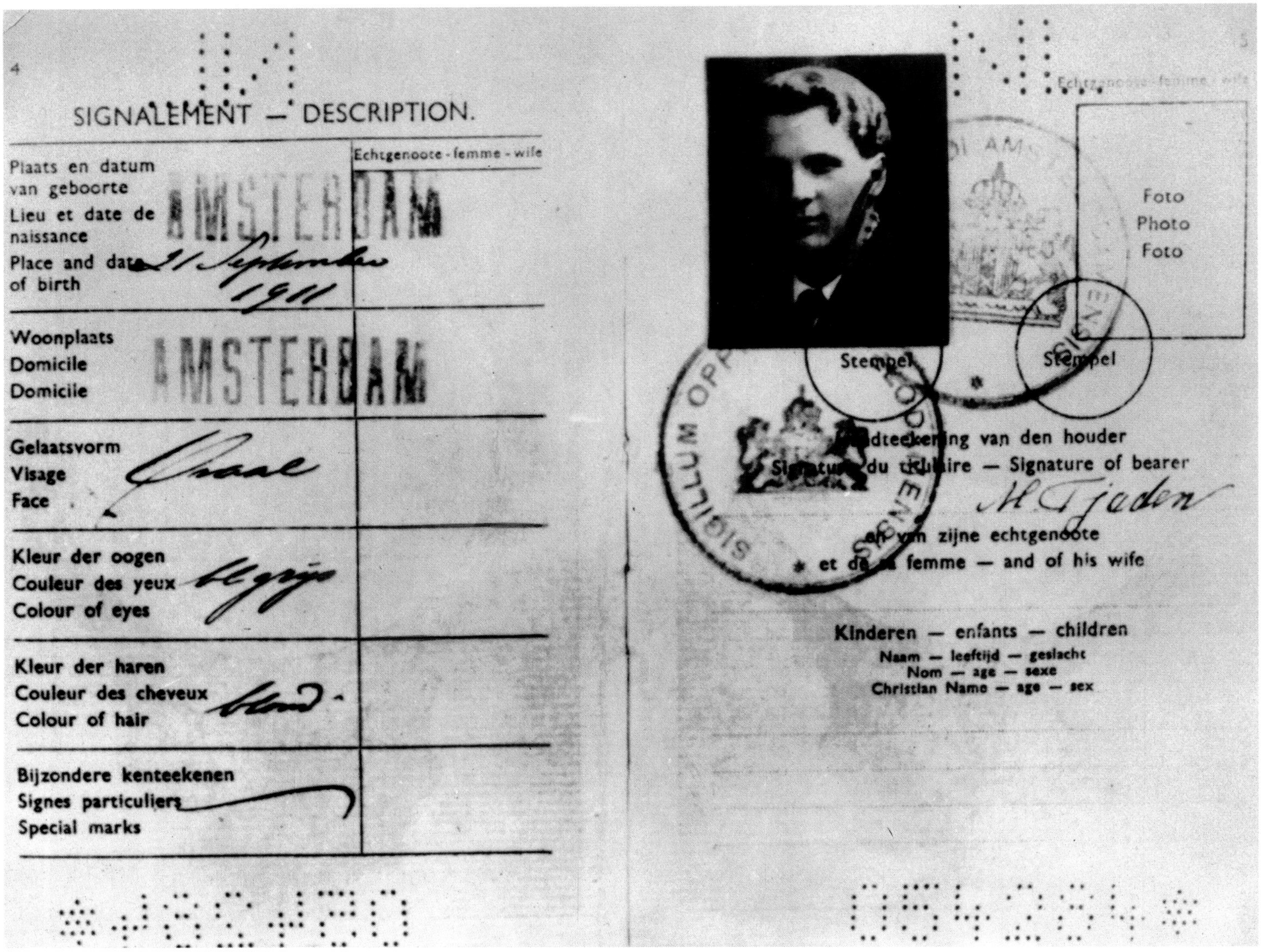

4

SIGNALEMENT — DESCRIPTION.

Plaats en datum van geboorte / Lieu et date de naissance / Place and date of birth	Echtgenoote - femme - wife
AMSTERDAM 21 September 1911	
Woonplaats / Domicile / Domicile — AMSTERDAM	
Gelaatsvorm / Visage / Face — Ovaal	
Kleur der oogen / Couleur des yeux / Colour of eyes — blgrijs	
Kleur der haren / Couleur des cheveux / Colour of hair — blond	
Bijzondere kenteekenen / Signes particuliers / Special marks	

5

Echtgenoote - femme - wife

Foto / Photo / Foto

Stempel

Stempel

SIGILLUM OPP...

Handteekening van den houder / Signature du titulaire — Signature of bearer

M Tjaden

en van zijne echtgenoote / et de sa femme — and of his wife

Kinderen — enfants — children

Naam — leeftijd — geslacht / Nom — age — sexe / Christian Name — age — sex

OBEN
Doppelseite aus dem niederländischen Paß, ausgestellt auf den Namen «Marten Tjaden», 1935

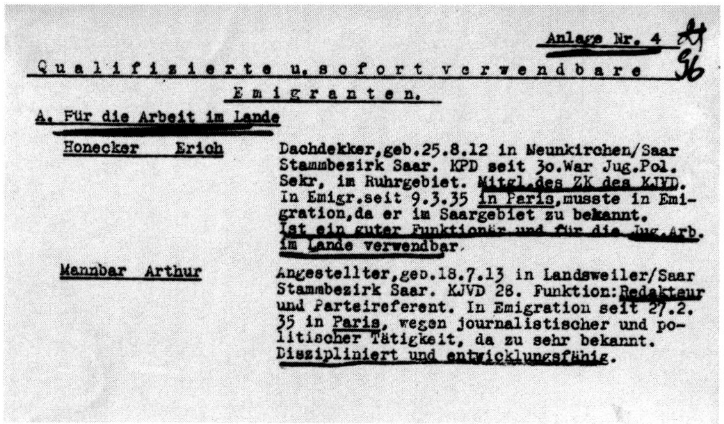

Anlage Nr. 4

Qualifizierte u. sofort verwendbare Emigranten.

A. Für die Arbeit im Lande

Honecker Erich	Dachdekker, geb. 25.8.12 in Neunkirchen/Saar Stammbezirk Saar. KPD seit 3o. War Jug.Pol. Sekr, im Ruhrgebiet. Mitgl. des ZK des KJVD. In Emigr. seit 9.3.35 in Paris, musste in Emigration, da er im Saargebiet zu bekannt. Ist ein guter Funktionär und für die Jug.Arb. im Lande verwendbar.
Mannbar Arthur	Angestellter, geb. 18.7.13 in Landsweiler/Saar Stammbezirk Saar. KJVD 28. Funktion: Redakteur und Parteireferent. In Emigration seit 27.2.35 in Paris, wegen journalistischer und politischer Tätigkeit, da zu sehr bekannt. Diszipliniert und entwicklungsfähig.

UNTEN
Dieses Schriftstück der Auslandsleitung der KPD für Wilhelm Pieck bereitet den Entschluß vor, Erich Honecker und weitere Genossen zur illegalen Arbeit nach Deutschland zu entsenden

OBEN LINKS
Mehrmals weilte Erich Honecker in Paris, so zum Antifaschistischen Arbeiterkongreß im Juni 1933, zum Weltkongreß der Jugend gegen Krieg und Faschismus im September 1933 und 1935 bei der im Ausland tätigen Leitung der KPD

OBEN RECHTS
«Schlagt Hitler an der Saar!» Unter dieser Losung führte die KPD den Abstimmungskampf 1934/35 im Saargebiet. Am Denkmal des Industriemagnaten Karl Ferdinand Freiherr von Stumm-Halberg in Neunkirchen verteilte Erich Honecker im Januar 1935 Flugblätter

UNTEN
1933/34 hielt sich Erich Honecker bei seiner illegalen Arbeit zeitweise in den Niederlanden auf. Im August 1933 fand in Amsterdam eine erweiterte Tagung des Zentralkomitees des KJVD statt. Als Reisegesellschaft getarnt, trafen sich die Teilnehmer auf einem Motorboot

VERTEILUNGSSTELLE Nº 160

Bahnhof
Zoologischer Garten
ZOO-GARAGEN
TANK-PARKPLATZ
U

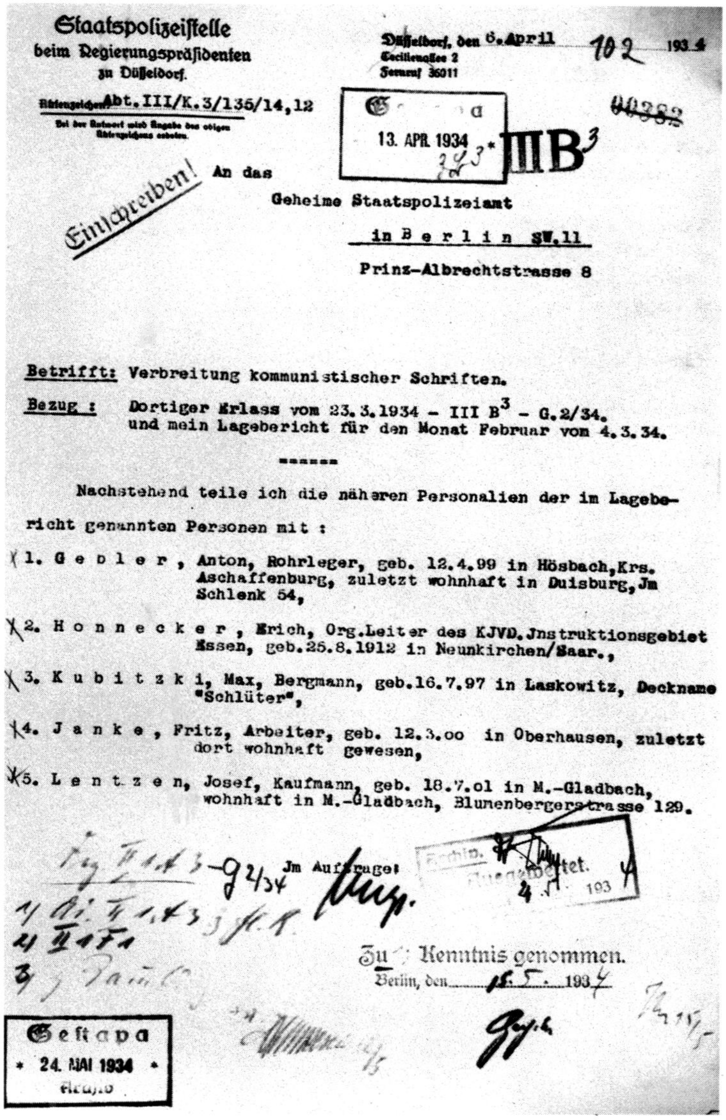

Staatspolizeistelle
beim Regierungspräsidenten
zu Düsseldorf.

Aktenzeichen: Abt. III/K.3/135/14,12

Düsseldorf, den 6. April 1934
Cecilienallee 2
Fernruf 36011

13. APR. 1934

IIIB3

Einschreiben!

An das
Geheime Staatspolizeiamt
in Berlin SW.11
Prinz-Albrechtstrasse 8

Betrifft: Verbreitung kommunistischer Schriften.

Bezug: Dortiger Erlass vom 23.3.1934 – III B^3 – G.2/34. und mein Lagebericht für den Monat Februar vom 4.3.34.

Nachstehend teile ich die näheren Personalien der im Lagebericht genannten Personen mit:

1. G e b l e r , Anton, Rohrleger, geb. 12.4.99 in Hösbach, Krs. Aschaffenburg, zuletzt wohnhaft in Duisburg, Im Schlenk 54,
2. H o n n e c k e r , Erich, Org.Leiter des KJVD. Instruktionsgebiet Essen, geb. 25.8.1912 in Neunkirchen/Saar.,
3. K u b i t z k i, Max, Bergmann, geb. 16.7.97 in Laskowitz, Deckname "Schlüter",
4. J a n k e , Fritz, Arbeiter, geb. 12.3.00 in Oberhausen, zuletzt dort wohnhaft gewesen,
5. L e n t z e n, Josef, Kaufmann, geb. 18.7.01 in M.-Gladbach, wohnhaft in M.-Gladbach, Blumenbergerstrasse 129.

Im Auftrage:

Zur Kenntnis genommen.
Berlin, den 15.5.1934

Gestapa
24. MAI 1934

OBEN
Dokument der Staatspolizeistelle Düsseldorf mit Angaben zur Person von Erich Honecker

UNTEN
Am 3. Dezember 1935 traf Erich Honecker in der Solinger Straße in Berlin einen Kurier des KJVD aus Prag, der ihm einen Gepäckschein für einen Koffer mit Zeitungen und Tarnschriften der KPD und des KJVD übergab. Beim Abholen des Koffers von der Gepäckaufbewahrung des Anhalter Bahnhofs wurde er von Agenten der Gestapo beobachtet, konnte ihnen aber am Bahnhof Zoo wieder entkommen (Foto linke Seite unten, rechts). Am Vormittag des nächsten Tages wurde Erich Honecker jedoch beim Verlassen seiner illegalen Wohnung in der Brüsseler Straße in Berlin-Wedding verhaftet

LINKE SEITE

OBEN LINKS
Das Kaufhaus Althof in Essen. Aus dem Toilettenfenster des Cafés auf dem turmartigen Dachausbau warf Erich Honecker Anfang 1934 von ihm verfaßte antifaschistische Flugblätter

DANEBEN
Während seiner illegalen Tätigkeit im Ruhrgebiet fand Erich Honecker Ende 1933 in der Laube eines Genossen in der Gartenanlage «Sonnenschein» am südwestlichen Stadtrand Essens zeitweiligen Unterschlupf. Dort traf er sich auch oft mit Genossen aus dem Ruhrgebiet.

UNTEN LINKS
Verkaufsstelle des Konsumvereins «Eintracht» in Essen, wo sich Erich Honecker und andere Genossen des illegalen KJVD 1933/34 mit Hilfe einer Genossin verpflegten

Im Namen des Deutschen Volkes

2

Beglaubigte Abschrift.
17 J 28 / 36
2 H 24 / 37

In der Strafsache gegen

1.) den Elektromonteur Bruno B a u m aus Berlin, Usedomer Straße 19, geboren am 13. Februar 1910 in Berlin, ledig, bestraft,

2.) den Dachdecker Erich H o n e c k e r aus Berlin, Brüsseler Straße 26, geboren am 25. August 1912 in Neunkirchen (Saar), ledig, unbestraft,

3.) die Medizinstudentin Sarah F o d o r o v à geborene Libun aus Prag-Podoli, Doudova 23, geboren am 21. Juni 1912 in Spola (Ukraine), verheiratet, tschechoslowakische Staatsangehörige, unbestraft,

4.) den Feinmechaniker Edwin L a u t e n b a c h aus Berlin-Charlottenburg, Herschelstraße 12, geboren am 18. April 1909 in Berlin-Neukölln, ledig, unbestraft,

sämtlich zur Zeit in Untersuchungshaft,

wegen Vorbereitung zum Hochverrat unter erschwerenden Umständen und schwerer Urkundenfälschung,

hat der Volksgerichtshof, 2. Senat, in der öffentlichen Sitzung vom 8. Juni 1937 auf Grund der mündlichen Verhandlungen vom 7. und 8. Juni 1937, an welchen teilgenommen haben

als Richter:
Volksgerichtsrat Hartmann als Vorsitzender,
Landgerichtsrat Waller,
Gauamtsleiter Fischer,
SA-Brigadeführer Bunge,
Bezirksstadtrat Friedlein,
als Beamter der Staatsanwaltschaft:
Staatsanwalt Dr. Drullmann,
als Urkundsbeamter der Geschäftsstelle:
Justizsekretär Sonnenschein,

für Recht erkannt:

I. Die Angeklagte F o d o r o v à wird freigesprochen,

II. Die Angeklagten B a u m , H o n e c k e r und L a u t e n b a c h werden wegen Vorbereitung eines hochverräterischen Unternehmens unter erschwerenden Umständen, Baum und Honecker in Tateinheit

- 2 -

einheit mit einem Verbrechen der schweren Urkundenfälschung, verurteilt:
Baum zu einer Zuchthausstrafe von 13 - dreizehn - Jahren,
Honecker zu einer Zuchthausstrafe von 10 - zehn - Jahren,
Lautenbach zu einer Zuchthausstrafe von 2 - zwei - Jahren und 6 - sechs - Monaten.

III. Die bürgerlichen Ehrenrechte werden aberkannt:
Baum und Honecker auf die Dauer von je 10 - zehn - Jahren,
Lautenbach auf die Dauer von 3 - drei - Jahren.

IV. Baum, Honecker und Lautenbach werden je 18 - achtzehn - Monate der erlittenen Untersuchungshaft auf die erkannte Strafe angerechnet.

V. Die auf Seite 47 der Anklageschrift unter Beweismittel III zu 2, 3, 4, 6 und 7 bezeichneten Gegenstände werden eingezogen.

VI. Die verurteilten Angeklagten tragen die Kosten des Verfahrens; soweit Freisprechung erfolgt ist, trägt die Reichskasse die Kosten des Verfahrens.

Von Rechts wegen.

Die Richtigkeit der vorstehenden Abschrift wird beglaubigt und die Vollstreckbarkeit des Urteils bescheinigt.

Berlin, den 9. Juni 1937.
gez. Heinrich, Amtsrat.
Beglaubigt:
Sonnenschein Justizsekretär,
als Urkundsbeamter der Geschäftsstelle.

...Die Angeklagten Baum und Honecker waren bereits lange Zeit vor der Machtübernahme durch den Nationalsozialismus und der Angeklagte Honecker weiterhin bis zur Rückgliederung des Saargebiets in das Reich Mitglied des KJVD und auch in führenden Stellungen innerhalb dieser Organisation tätig. Auch in der Illegalität wurden ihnen, wie sie selbst zugeben, leitende Posten anvertraut. Übereinstimmend haben sie zum Ausdruck gebracht, daß sie ihrer Überzeugung nach auch heute noch Kommunisten sind und daß ihre den Gegenstand dieses Verfahrens bildende Tätigkeit ausschließlich der Förderung der gerichtsbekannten hochverräterischen Ziele der KPD bezw. des KJVD gegolten hat...

Nach den getroffenen Feststellungen waren die Angeklagten, und zwar Baum vom Juni 1935 und Honecker vom Februar 1934 ab, bis zu ihrer im Dezember 1935 erfolgten Festnahme bestrebt, den organisatorischen Zusammenhalt des KJVD herzustellen und aufrechtzuerhalten, wobei sie, jeder für sich, sich im Rahmen der ihnen als Funktionäre zugewiesenen Stellungen betätigten...

Die gleiche Strafbestimmung wird auch durch den Kassiber erfüllt, welchen der Angeklagte Honecker während der Untersuchungshaft im Jahre 1936 verfaßt und an seine Prager Freunde gelangen zu lassen versucht hat...

Dieser Tatbestand wird schließlich auch durch die von den Angeklagten Baum und Honecker betätigte Verbreitung von kommunistischen Druckschriften erfüllt. Da infolge der scharfen Maßnahmen der nationalsozialistischen Regierung gegen die marxistischen Parteien und besonders gegen die KPD und ihre Nebenorganisationen ein offener Aufbau der zerschlagenen Parteigebilde unmöglich war, ging die KPD zur illegalen heimlichen Arbeit über. Dabei erwies sich die mündliche Propaganda von Mann zu Mann als nicht ausreichend, sodaß mit dem Ziele, neue Mitglieder zu gewinnen und den bis dahin vorhandenen Bestand an Anhängern zu erhalten, illegale Druckschriften in großen Mengen den breiten Massen zugeführt wurden. Die Verbreitung der Druckschriften diente daher dazu, die Organisation des KJVD herzustellen und, soweit sie bereits bestand weiter auszubauen.

Gleichzeitig verfolgten die Angeklagten Baum und Honecker aber auch das Ziel, durch die Druckschriften die Massen im Sinne der hochverräterischen Bestrebungen des KJVD zu beeinflussen...

Sowohl der Angeklagte Baum wie auch der Angeklagte Honecker haben ferner für ihre Tätigkeit im Inlande, und zwar der Angeklagte Baum für Berlin und der Angeklagte Honecker für Essen und Berlin, Aufträge außerhalb des Reichsgebiets insbesondere in Prag und im Saargebiet (vor der Rückgliederung) entgegengenommen. Der Angeklagt Honecker hat es auch unternommen, Druckschriften, welche zur Verbreitung im Inlande bestimmt waren, aus dem Auslande, nämlich aus Prag zur Vorbereitung des Hochverrats einzuführen...

Die gesamte Tätigkeit der Angeklagten Baum und Honecker ist als eine fortgesetzte Handlung zu bewerten. Sie beruht auf dem einmal gefaßten Entschluß, bei jeder sich bietenden Gelegenheit für die hochverräterischen Bestrebungen der KPD bezw. des KJVD. tätig zu werden und sie nach Kräften zu fördern. Sie richtet sich gegen dasselbe Rechtsgut, nämlich den Bestand und die Sicherheit des Deutschen Reiches, seiner Regierung und seiner Verfassung...

VI. Strafzumessungsgründe.

Die Angeklagten Baum und Honecker sind, wie Umfang und Intensität ihrer illegalen Arbeit für den KJVD und auch ihre Erklärungen in der Hauptverhandlung erweisen, überzeugte und unbelehrbare Anhänger des Kommunismus. Sie haben sich den ihnen gestellten hochverräterischen Aufgaben mit außerordentlicher Einsatzbereitschaft gewidmet. Aus der Stellung, welche sie innerhalb der illegalen Organisation einnahmen, geht die Wertschätzung hervor, deren sie sich bei den maßgebenden Stellen erfreuten. Dabei fällt für die Strafzumessung als besonders erschwerend ins Gewicht, daß die Angeklagten Baum und Honecker es unternommen haben, gerade die deutsche Jugend, die als die zukünftige Trägerin des Schicksals der deutschen Volksgemeinschaft der nationalsozialistischen Regierung besonders am Herzen liegt, dem deutschen Volk und dem nationalsozialistischen Gedanken zu entfremden und für den Kommunismus und seine staats- und volkszerstörenden Ideen zu gewinnen. Es bedurfte daher mit Rücksicht darauf, daß es gilt, jeden kommunistischen Angriff auf die Jugend aufs schärfste zu bekämpfen, einer empfindlichen Strafe...

Unter Berücksichtigung der Dauer und des Umfangs ihrer Tätigkeit erschien bei dem Angeklagten Baum eine Zuchthausstrafe von 13 Jahren und bei dem Angeklagten Honecker eine solche von 10 Jahren erforderlich und wurde demgemäß erkannt...

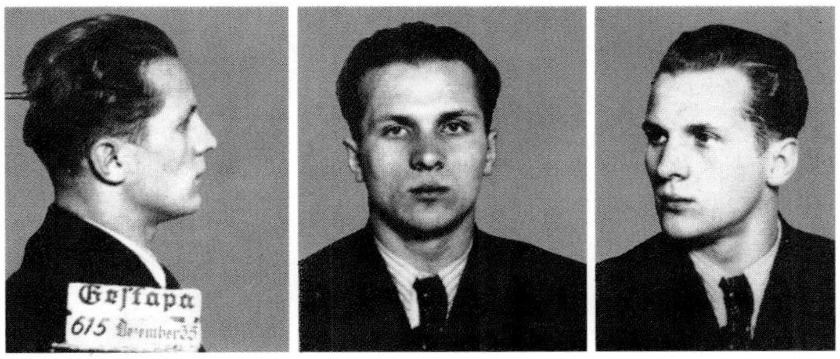

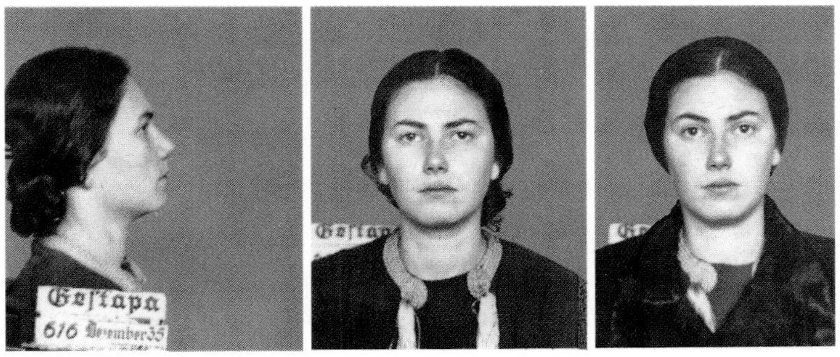

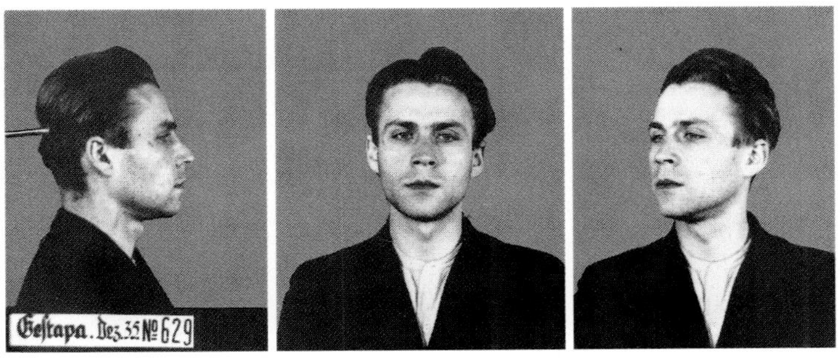

Als «überzeugter und unbeirrbarer Anhänger des Kommunismus», so hieß es in der Urteilsbegründung, wurde ich vom Hitlerregime für 10 Jahre ins Zuchthaus geschickt. Das war viel und zugleich wenig, wenn man an die Todesurteile denkt, die der «Volksgerichtshof», wie die Nazis ihr Oberstes Gericht nannten, fällte.

Trotz strengster Isolierung und Überwachung, trotz ständiger Schikanen organisierten wir den Widerstand, die Solidarität und den Zusammenhalt der politischen Häftlinge. Die Partei lebte und kämpfte auch hinter Zuchthausmauern. Dazu leisteten wir unseren Beitrag, obwohl wir wußten, daß diese illegale politische Arbeit Lebensgefahr bedeutete. Der wichtigste Halt, das alles zu überstehen, war auch hier unsere kommunistische Überzeugung, die feste Gewißheit vom Sieg der proletarischen Sache.

Bereits im Zuchthaus schworen wir, daß wir nach der Zerschlagung des Faschismus alles tun würden, um die antifaschistische Einheit unseres Volkes herzustellen. Es galt, Faschismus und Militarismus mit der Wurzel auszurotten und die gesellschaftliche Entwicklung in die Bahnen des Sozialismus zu lenken. Diesem Schwur sind wir treu geblieben.

Aufnahmen der Zentrale der Geheimen Staatspolizei, Berlin, nach der Verhaftung im Dezember 1935:
Erich Honecker,
Mitglied des ZK des KJVD und Politischer Leiter der Bezirksleitung des KJVD Berlin-Brandenburg;
Bruno Baum,
Mitglied der Bezirksleitung Berlin-Brandenburg des KJVD;
Sarah Fodorová,
eine tschechoslowakische Genossin, die als Kurier aus Prag Erich Honecker in Berlin den Gepäckschein für den Koffer mit den Parteimaterialien übergab;
Edwin Lautenbach,
Mitglied der Bezirksleitung Berlin-Brandenburg des KJVD

LINKE SEITE
Nach anderthalbjähriger Untersuchungshaft wurde das Urteil vom sogenannten Volksgerichtshof am 8. Juni 1937 gefällt. Auszüge aus der Urteilsbegründung des Volksgerichtshofes im Prozeß gegen Erich Honecker und die anderen Genossen

OBEN
Das Untersuchungsgefängnis Berlin-Moabit, in dem Erich Honecker bis zur Urteilsverkündung inhaftiert war (Aufnahme von 1928)

MITTE
Der Sitz des Geheimen-Staatspolizei-Hauptamtes in der Berliner Prinz-Albrecht-Straße 8. Nach seiner Verhaftung wurde Erich Honecker dort, wie viele andere Antifaschisten, von Gestapobeamten verhört

UNTEN
Der Hinrichtungsschuppen des Zuchthauses Berlin-Plötzensee. Am 10. Juni 1937 war Erich Honecker in dieses Zuchthaus überführt worden und blieb dort bis zum 6. Juli 1937

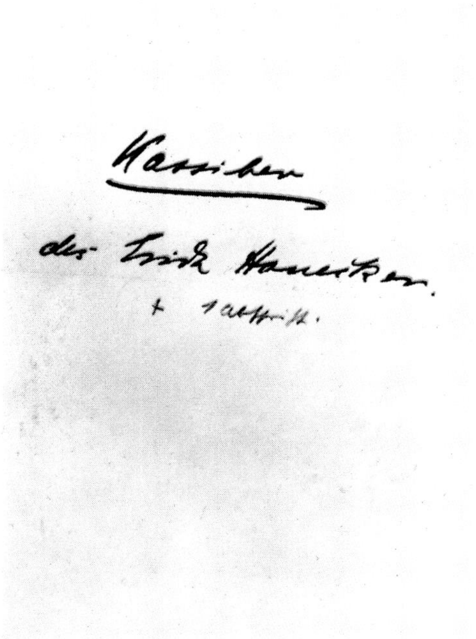

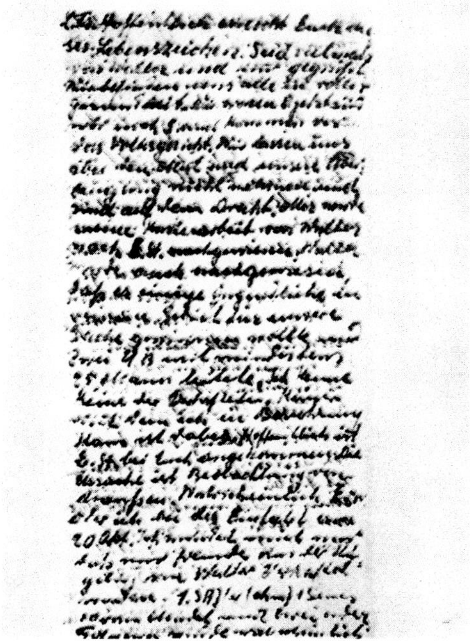

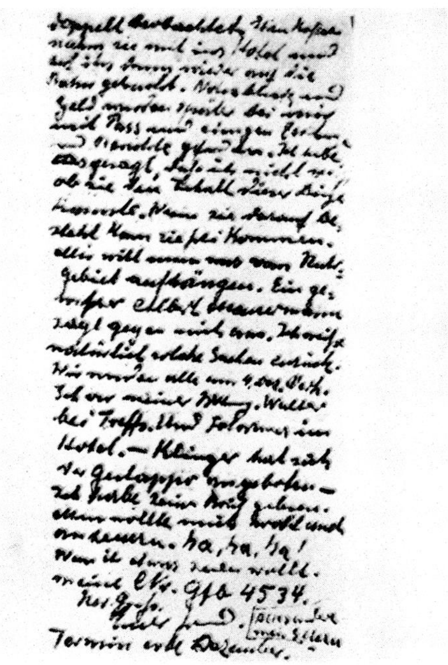

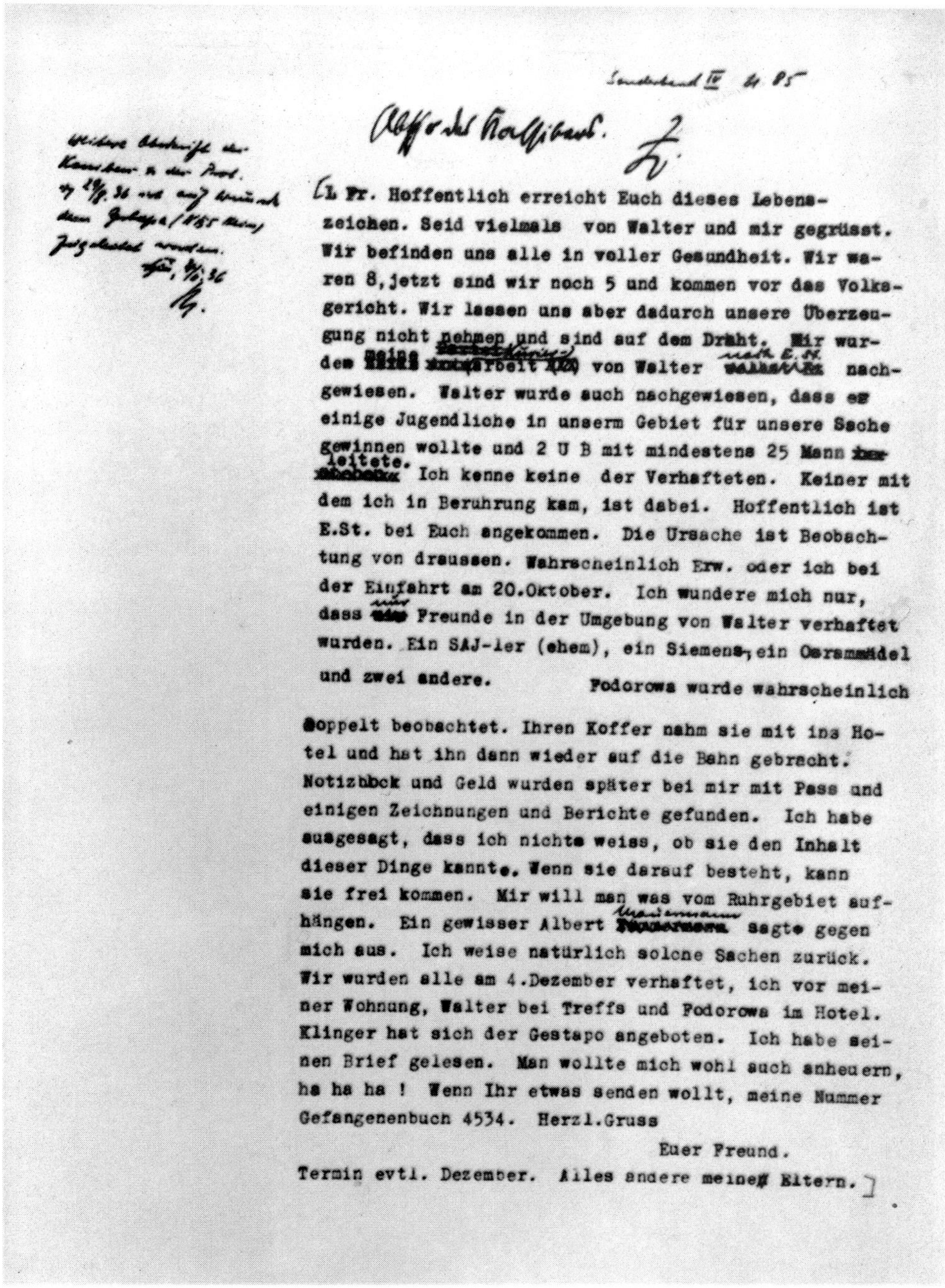

Sonderband IV 4.85

Abschrift des Kassibers.

[L. Fr. Hoffentlich erreicht Euch dieses Lebenszeichen. Seid vielmals von Walter und mir gegrüsst. Wir befinden uns alle in voller Gesundheit. Wir waren 8, jetzt sind wir noch 5 und kommen vor das Volksgericht. Wir lassen uns aber dadurch unsere Überzeugung nicht nehmen und sind auf dem Draht. Wir wurden meine ...arbeit von Walter nach E.H. nachgewiesen. Walter wurde auch nachgewiesen, dass er einige Jugendliche in unserm Gebiet für unsere Sache gewinnen wollte und 2 U B mit mindestens 25 Mann leitete. Ich kenne keine der Verhafteten. Keiner mit dem ich in Beruhrung kam, ist dabei. Hoffentlich ist E.St. bei Euch angekommen. Die Ursache ist Beobachtung von draussen. Wahrscheinlich Erw. oder ich bei der Einfahrt am 20.Oktober. Ich wundere mich nur, dass Freunde in der Umgebung von Walter verhaftet wurden. Ein SAJ-ler (ehem), ein Siemens, ein Osrammädel und zwei andere. Fodorowa wurde wahrscheinlich doppelt beobachtet. Ihren Koffer nahm sie mit ins Hotel und hat ihn dann wieder auf die Bahn gebracht. Notizbuch und Geld wurden später bei mir mit Pass und einigen Zeichnungen und Berichte gefunden. Ich habe ausgesagt, dass ich nichts weiss, ob sie den Inhalt dieser Dinge kannte. Wenn sie darauf besteht, kann sie frei kommen. Mir will man was vom Ruhrgebiet aufhängen. Ein gewisser Albert ... sagte gegen mich aus. Ich weise natürlich solche Sachen zurück. Wir wurden alle am 4.Dezember verhaftet, ich vor meiner Wohnung, Walter bei Treffs und Fodorowa im Hotel. Klinger hat sich der Gestapo angeboten. Ich habe seinen Brief gelesen. Man wollte mich wohl auch anheuern, ha ha ha ! Wenn Ihr etwas senden wollt, meine Nummer Gefangenenbuch 4534. Herzl.Gruss

Euer Freund.

Termin evtl. Dezember. Alles andere meinen Eltern.]

Ein von Erich Honecker
im Untersuchungsgefängnis Berlin-Moabit
1936 geschriebener Kassiber

115
61
13
402

49/514-258- 1

Wehrnummer
Potsdam I 12/165/17/7

Polizeil. Meldebehörde
Brandenburg

Wehrbezirkskommando
Potsdam II

Ausschließungsschein

Der Dachdecker
(Beruf, Vor- und Familienname)
Erich Honecker

geb. am 25. 8. 1912 zu Neunkirchen
(Tag, Monat, Jahr) (Ort)

Saargebiet
(Gemeinde, Kreis usw., Regierungsbezirk, Land)

Honecker

wird hiermit vom Dienst in der Wehrmacht im Frieden für immer
ausgeschlossen.
Er scheidet auf die vorstehend eingetragene Dauer aus dem Wehrpflichtverhältnis aus.

Brandenburg, den 4. Nov. 1939
(Musterungsort) (Tag, Monat, Jahr)

Die Kreispolizeibehörde — Der Wehrbezirkskommandeur

Dienststempel (Unterschrift) — Dienststempel (Unterschrift)

Polizeiinspektor — Hauptmann

Zur Beachtung
1. Alle Eintragungen sind mit Tinte oder mit Hilfe der Schreibmaschine auszuführen.
2. Der Verlust dieses Scheines ist sofort dem zuständigen Wehrmeldeamt zu melden.
3. Fälschung und mißbräuchliche Benutzung dieses Scheines wird als Urkundenfälschung gerichtlich verfolgt.

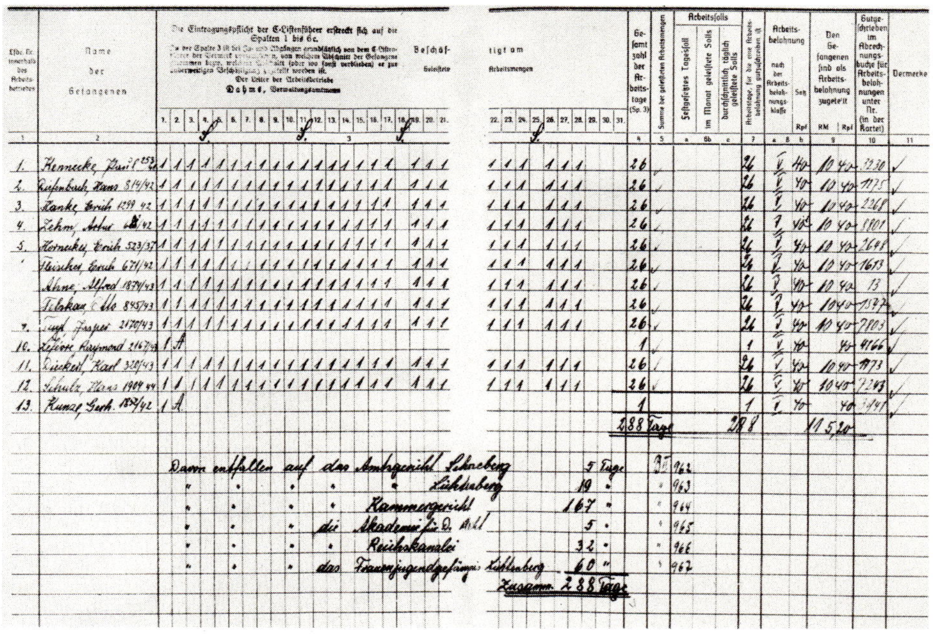

Die Eintragungspflicht der C-Listenführer erstreckt sich auf die Spalten 1 bis 6c.
Der Leiter der Arbeitsbetriebe
Dahms, Verwaltungsamtmann

Lfde. Nr. innerhalb des Arbeitsbetriebes (1)	Name der Gefangenen (2)	Beschäftigt am (3)	Gesamtzahl der Arbeitstage (Sp. 3) (4)	Summe der geleisteten Arbeitsmengen (5)	Arbeitstage, für die eine Arbeitsbelohnung gutzuschreiben ist (7)	Arbeitsbelohnung nach der Arbeitsbelohnungsklasse (8a)	Satz Rpf (8b)	Den Gefangenen sind als Arbeitsbelohnung zugeteilt RM Rpf (9)	Gutgeschrieben im Abrechnungsbuche für Arbeitsbelohnungen unter Nr. (in der Kartei) (10)	Vermerke (11)
1.	Hennecke, Paul 253/42	1 1 1 1 1 1 1 1 1 1 1 1 1 1 1 1 1 1 1 1 1 1 1 1 1 1	26	✓	26	I	40	10 40	3230	✓
2.	Riefenbach, Hans 814/42	1 1 1 1 1 1 1 1 1 1 1 1 1 1 1 1 1 1 1 1 1 1 1 1 1 1	26	✓	26	I	40	10 40	1175	✓
3.	Hanke, Erich 1299/42	1 1 1 1 1 1 1 1 1 1 1 1 1 1 1 1 1 1 1 1 1 1 1 1 1 1	26	✓	26	I	40	10 40	2268	✓
4.	Zehm, Artur [illegible]/42	1 1 1 1 1 1 1 1 1 1 1 1 1 1 1 1 1 1 1 1 1 1 1 1 1 1	26	✓	26	I	40	10 40	1801	✓
5.	Honecker, Erich 523/37	1 1 1 1 1 1 1 1 1 1 1 1 1 1 1 1 1 1 1 1 1 1 1 1 1 1	26	✓	26	I	40	10 40	2648	✓
	Fleischer, Erich 671/42	1 1 1 1 1 1 1 1 1 1 1 1 1 1 1 1 1 1 1 1 1 1 1 1 1 1	26	✓	26	I	40	10 40	1613	✓
	Ahne, Alfred 1874/43	1 1 1 1 1 1 1 1 1 1 1 1 1 1 1 1 1 1 1 1 1 1 1 1 1 1	26	✓	26	I	40	10 40	13	✓
	Telakau, Otto 845/43	1 1 1 1 1 1 1 1 1 1 1 1 1 1 1 1 1 1 1 1 1 1 1 1 1 1	26	✓	26	I	40	10 40	1597	✓
9.	Tuyf, Jasper 2170/43	1 1 1 1 1 1 1 1 1 1 1 1 1 1 1 1 1 1 1 1 1 1 1 1 1 1	26	✓	26	I	40	10 40	7803	✓
10.	Lefèvre, Raymond 2167/43	1 A	1	✓	1	I	40	40	4766	✓
11.	Dickert, Karl 320/43	1 1 1 1 1 1 1 1 1 1 1 1 1 1 1 1 1 1 1 1 1 1 1 1 1 1	26	✓	26	I	40	10 40	1173	✓
12.	Schulz, Hans 1909/44	1 1 1 1 1 1 1 1 1 1 1 1 1 1 1 1 1 1 1 1 1 1 1 1 1 1	26	✓	26	I	40	10 40	7243	✓
13.	Kunze, Gerh. 182/42	1 A	1		1	I	40	40	3141	✓
			288 Tage		288			115 20		

Davon entfallen auf das Amtsgericht Schöneberg 5 Tage 962
" " " " " Lichtenberg 19 " 963
" " " " Kammergericht 167 " 964
" " " die Akademie für D. Recht 5 " 965
" " " " Reichskanzlei 32 " 966
" " " das Frauenjugendgefängnis Lichtenberg 60 " 967
Zusamm. 288 Tage

OBEN RECHTS
Erich Honeckers Ausschließungsschein von der Wehrmacht

OBEN LINKS
Fallbeil im Zuchthaus Brandenburg-Görden

DARUNTER
Todeszellen im Zuchthaus Brandenburg-Görden

UNTEN RECHTS
Anfang 1945 war Erich Honecker zur «Beseitigung von Fliegerschäden» in Berlin eingesetzt. Aus der Abrechnungsliste gehen seine Einsatzorte und die Bezahlung hervor: 10,40 RM für 26 Tage

LINKE SEITE
Zuchthaus Brandenburg-Görden, Blick auf das Zellenhaus II, Flügel A (Aufnahme von 1937)

Opfer des faschistischen Mordterrors
in Brandenburg-Görden:

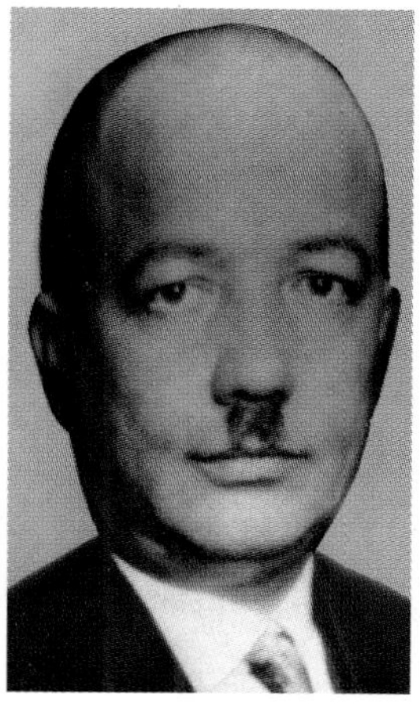

Max Maddalena,
am 22. Oktober 1943 gestorben
Max Sievers,
am 17. Januar 1944 ermordet
Max Metzger,
am 17. April 1944 ermordet

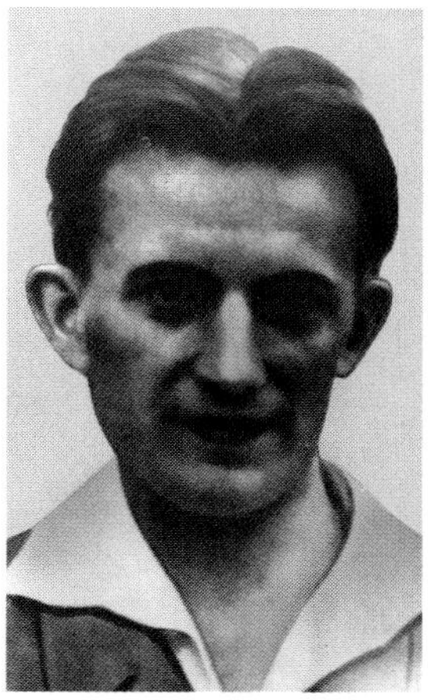

Robert Uhrig,
am 21. August 1944 ermordet
Bernhard Bästlein,
am 18. September 1944 ermordet
Anton Saefkow,
am 18. September 1944 ermordet

Werner Seelenbinder,
am 24. Oktober 1944 ermordet
Willi Sänger,
am 27. November 1944 ermordet
Theodor Neubauer,
am 5. Februar 1945 ermordet

Unser Gedenken gilt den internationalen Antifaschisten, jenen Helden, die in Konzentrationslagern wie Auschwitz, Buchenwald, Sachsenhausen und Ravensbrück, in den Zuchthäusern unbeugsam für unsere Sache stritten und oftmals ihr Leben gaben.
Wir ehren die deutschen Kommunisten, alle Antifaschisten, die aus der Illegalität, aus den Zuchthäusern und Konzentrationslagern der Nazis kamen, die als Aktivisten der ersten Stunde oft Übermenschliches leisteten, um die materiellen und geistigen Trümmer des sogenannten Dritten Reiches zu beseitigen, und die den Weg zur Errichtung des ersten sozialistischen Staates der Arbeiter und Bauern auf deutschem Boden ebneten.

LINKE SEITE
Erich Honecker
in der Gedenkstätte
für ermordete Widerstandskämpfer
im Zuchthaus
Brandenburg-Görden

So verbindet sich
mit dem 8. Mai 1945
ein Aufbruch zu neuen
Ufern, der all das,
was die Sowjetunion
dafür geleistet hat,
mit besonderer Klarheit
ins Licht treten läßt.
Ihr Sieg war der Triumph
des Humanismus,
der Freiheit und der
Menschenwürde über die
schlimmste Reaktion,
die man seit dem
Mittelalter kannte.

DIE TOTEN
MAHNEN
UNS
GEDENK
SOZ

LINKE SEITE
Ehrung der gefallenen Helden der Sowjetarmee am 8. Mai 1985

OBEN
Begegnung mit Kampfgefährten aus dem antifaschistischen Widerstand, 25. August 1977

UNTEN
Genossen und Freunde aus dem antifaschistischen Widerstandskampf, darunter ehemalige Mithäftlinge aus dem Zuchthaus Brandenburg-Görden, überbringen Erich Honecker Kampfesgrüße und ein Schachspiel, das Häftlinge im Zuchthaus angefertigt hatten, 25. August 1982

Im Gespräch mit Kampfgefährten
des antifaschistischen Widerstandes
und Veteranen der deutschen
Arbeiterjugendbewegung
in Berlin, 25. Mai 1979

Die Freie
Deutsche Jugend
ist das Werk
der fortschrittlichen
demokratischen Jugend.
Sie ist das Werk
derjenigen jungen Kräfte,
die in der Kapitulation
vom 8. Mai 1945 nicht das
Ende Deutschlands,
sondern den Beginn der
Erneuerung Deutschlands
sahen.

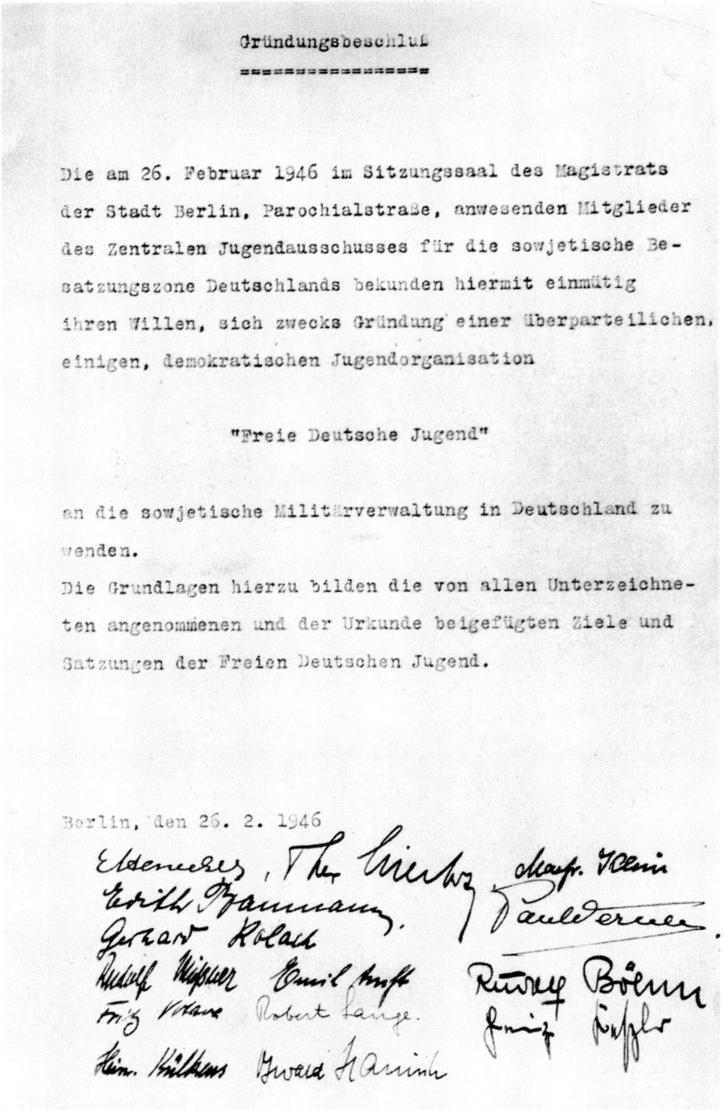

Gründungsbeschluß

Die am 26. Februar 1946 im Sitzungssaal des Magistrats der Stadt Berlin, Parochialstraße, anwesenden Mitglieder des Zentralen Jugendausschusses für die sowjetische Besatzungszone Deutschlands bekunden hiermit einmütig ihren Willen, sich zwecks Gründung einer überparteilichen, einigen, demokratischen Jugendorganisation

"Freie Deutsche Jugend"

an die sowjetische Militärverwaltung in Deutschland zu wenden.
Die Grundlagen hierzu bilden die von allen Unterzeichneten angenommenen und der Urkunde beigefügten Ziele und Satzungen der Freien Deutschen Jugend.

Berlin, den 26. 2. 1946

Es gibt Hunderte von Beispielen in Stadt und Land, in denen Jugendliche die Initiative ergreifen, sei es bei Aufräumungsarbeiten, bei der Sicherstellung der Lebensmitteltransporte, bei der Wiederherstellung von Schulen, bei der Schaffung von schönen Jugendheimen, von denen allein in Berlin über hundert durch eigene Arbeit der Jugend geschaffen wurden. Der Geist, der die Seelen dieser katholischen, demokratischen, sozialdemokratischen und jungkommunistischen Kämpfer beherrschte, das war und ist wirklich nationaler, demokratischer Geist. Dieser Geist aufrechter Gesinnung, wahren Opfermutes ist die Flamme, die die Herzen der jungen Generation entzünden soll. Es ist der Geist des Zusammenschlusses aller fortschrittlichen Kräfte, der Geist der Einheit im Kampf für die Erneuerung und Wiedergeburt unseres deutschen Volkes. Im Kampf gegen den Nazismus haben wir uns gefunden. Im Kampf gegen seine Überreste und zum Aufbau unseres neuen Lebens wollen und müssen wir noch fester zusammenstehen.
In der Arbeit auf den Trümmerplätzen, in den neu in Gang gekommenen Fabriken, auf den Bauplätzen, in den Lehrwerkstätten, im Ernteeinsatz zeigt sich, ob wir die Begeisterung zu wecken vermögen, die notwendig ist, um die großen Aufgaben zu erfüllen, die vor unserem Volke stehen. Laßt uns alle die Hände vereinigen zum Schwur, laßt unser Herz schlagen, unsere Arme und unseren Geist regen für das eine: Für den Aufbau und die Erneuerung unseres Lebens und damit für die Erneuerung und Rettung unseres ganzen Volkes.

Bei der Unterzeichnung des Gründungsbeschlusses der Freien Deutschen Jugend

RECHTE SEITE
FDJler beim Aufbaueinsatz in Berlin

1. PARLAMENT
DER
FREIEN DEUTSCHEN JUGEND
STADTHALLE

OBEN
Empfang des Kommandanten des Landes Brandenburg der SMAD, General Sharow, für den vom I. Parlament gewählten Zentralrat der FDJ

MITTE
Erich Honecker und weitere Mitglieder des Zentralrats der FDJ im Präsidium des I. Parlaments der FDJ

UNTEN
Unter den Teilnehmern des Kongresses der Jungaktivisten der Treuhandbetriebe am 13. November 1948 in Berlin-Weißensee Erich Honecker, Vorsitzender des Zentralrats der FDJ, und Edith Baumann, stellvertretende Vorsitzende des Zentralrats der FDJ

LINKE SEITE
I. Parlament der FDJ vom 8. bis 10. Juni 1946 in Brandenburg

OBEN
Wilhelm Pieck spricht auf einer Demonstration vor dem Gebäude des Zentralkomitees der KPD in der Berliner Wallstraße, in dem auch Erich Honecker arbeitete, 1945

MITTE
Das «Haus der Einheit», ehemaliger Sitz des Zentralkomitees der Sozialistischen Einheitspartei Deutschlands; heute befindet sich darin das Institut für Marxismus-Leninismus beim Zentralkomitee der SED

UNTEN
Am 2. und 3. März 1946 tritt im Berliner Theater am Schiffbauerdamm die 1. Reichskonferenz der KPD zusammen. Der Vereinigung der Arbeiterparteien wird zugestimmt (Erich Honecker links)

Seit Wochen arbeitete ich nun mit meinen Jugendfreunden daran, jene Kräfte der Jugend zu sammeln, die aus den Erfahrungen der Vergangenheit gelernt hatten. Dies war nicht leicht, und ich überlegte gerade einige Fragen, die zu lösen waren, um den Zusammenschluß der Jugend zu stärken, als die Tür aufging und ein Mann hereintrat, dessen Name ein Begriff der Treue, des Vertrauens und des Fortschritts ist: Wilhelm Pieck. Breit und stämmig, das Haar ergraut, mit klug und freundlich blickenden Augen unter den buschigen Brauen. Ja, das war er! Doch ich glaube, ich habe das alles erst viel später festgestellt. Mich durchströmte eine freudige Erregung bei der Gewißheit, hier einem Manne urplötzlich gegenüberzustehen, in dessen Person sich die besten Traditionen der deutschen Arbeiterbewegung verkörperten. Ein Händedruck, und es wechselten Frage und Antwort. Ob ich die richtige Antwort gefunden habe? – Ich weiß es nicht. Ich weiß nur – und dies fühlte ich sofort –, in der Brust dieses Mannes schlägt ein warmes Herz für Deutschland – wohnt nur eine Sorge, und die gilt der Gegenwart und der Zukunft des deutschen Volkes und seiner Jugend.

Deutsche Volkszeitung

Zentralorgan der Kommunistischen Partei Deutschlands

Berlin, 13. Juni 1945

Feste Einheit der demokratischen Kräfte

Von Wilhelm Pieck

AUFRUF

der Kommunistischen Partei Deutschlands

Schaffendes Volk in Stadt und Land!
Männer und Frauen! Deutsche Jugend!

Kommunistische Partei Deutschlands

Mitgliedskarte

54103

Name Honecker Vorname Erich

geb. am 25-8-12 in Neunkirchen

Beruf Dachdecker

Mitglied der KPD seit 1930

Wohnung Berlin NO

Wisbyerstr. 13

Erich Honecker

Unterschrift des Inhabers

Die Karte wurde ausgestellt am: 1.9.45.

KPD 3 MARK

Stempel und Unterschrift der Bezirksleitung

OBEN
Im Aufruf der KPD vom 11. Juni 1945 zieht die Partei die Lehren aus der Geschichte und orientiert auf die Schaffung antiimperialistisch-demokratischer Verhältnisse, mit der Möglichkeit, dem deutschen Volk den Weg zum Sozialismus zu öffnen

UNTEN
Die KPD-Mitgliedskarte Erich Honeckers

Demonstration der Einheit der Arbeiterklasse

LINKE SEITE

OBEN

Mit ihrem historischen Händedruck besiegeln die Vorsitzenden der KPD und der SPD, Wilhelm Pieck und Otto Grotewohl, die Vereinigung zur Sozialistischen Einheitspartei Deutschlands. Auf dem am 21. und 22. April 1946 tagenden Vereinigungsparteitag im Admiralspalast in Berlin wird Erich Honecker in das Präsidium (3. Reihe, 2. v. l.) sowie zum Mitglied des Parteivorstands gewählt

UNTEN

Einstimmig beschließen die Delegierten des Vereinigungsparteitags die Vereinigung zur SED, das Parteistatut, das «Manifest an das deutsche Volk» und die «Grundsätze und Ziele der Sozialistischen Einheitspartei Deutschlands»

PARLAMENT DER FREIEN
DEUTSCHEN JUGEN

OBEN
Zu den Gästen des III. Parlaments der FDJ vom 1. bis 4. Juni 1949 in Leipzig gehört Wilhelm Pieck (1. Reihe links)

DARUNTER
Glückwünsche zur Wiederwahl zum Vorsitzenden der FDJ

Auf dem IV. Parlament der FDJ vom 27. bis 30. Mai 1952 in Leipzig

Erich Honecker begrüßt die französische Friedenskämpferin Raymonde Dien auf dem IV. Parlament

LINKE SEITE
Demonstration der FDJ während des II. Parlaments 1947 in Meißen

OBEN
Erich Honecker im Gespräch mit Parteiveteranen während einer Beratungspause des II. Parteitags der SED (20. bis 24. September 1947 in Berlin)

UNTEN
Die 2. Parteikonferenz der SED, die vom 9. bis 12. Juli 1952 in der Berliner Werner-Seelenbinder-Halle tagt, faßt den Beschluß, in allen Bereichen der Gesellschaft planmäßig die Grundlagen des Sozialismus zu schaffen.
Im Präsidium Erich Honecker, Vorsitzender der FDJ, und Hermann Matern, Mitglied des Politbüros des Zentralkomitees der SED

LINKE SEITE
Erich Honecker und weitere Mitglieder des Zentralrats der FDJ an der Spitze eines Friedensmarsches in Berlin, 1950

Ich erinnere mich noch sehr gut an die Tage zwischen dem 19. Juli und dem 5. August 1947, als ich mit der ersten Delegation der Freien Deutschen Jugend in die Sowjetunion reiste. Als «Friedensflug nach Osten» ging diese Reise in die Geschichte unserer Republik und ihres sozialistischen Jugendverbandes ein. Für uns war es Ausdruck eines großen Vertrauens des Leninschen Komsomol, zwei Jahre nach der Zerschlagung des Faschismus eine Jugenddelegation aus unserem neuen Deutschland einzuladen. Die Eindrücke von dieser Begegnung mit dem Land Lenins, in dem das Sowjetvolk unter Führung der Kommunistischen Partei der Sowjetunion harte Arbeit leistete, um die verheerenden Folgen des Hitlerkrieges zu überwinden und den Sozialismus erfolgreich weiter aufzubauen, wird keiner, der dabei war, je vergessen. Er wird auch nie vergessen, mit welcher Herzlichkeit die Komsomolzen, unsere sowjetischen Gastgeber, die Delegation der FDJ aufnahmen.

OBEN
Am Eingang eines Pionierlagers bei Moskau

MITTE
Beim Besuch des legendären Pawlow-Hauses in Stalingrad, das der Sergeant Pawlow mit 9 Rotarmisten 58 Tage und Nächte gegen eine faschistische Übermacht verteidigt hatte

UNTEN
Eintragung der Delegationsmitglieder ins Besucherbuch der Ausstellung «Der Leninsche Komsomol in den Jahren des Großen Vaterländischen Krieges» in Moskau

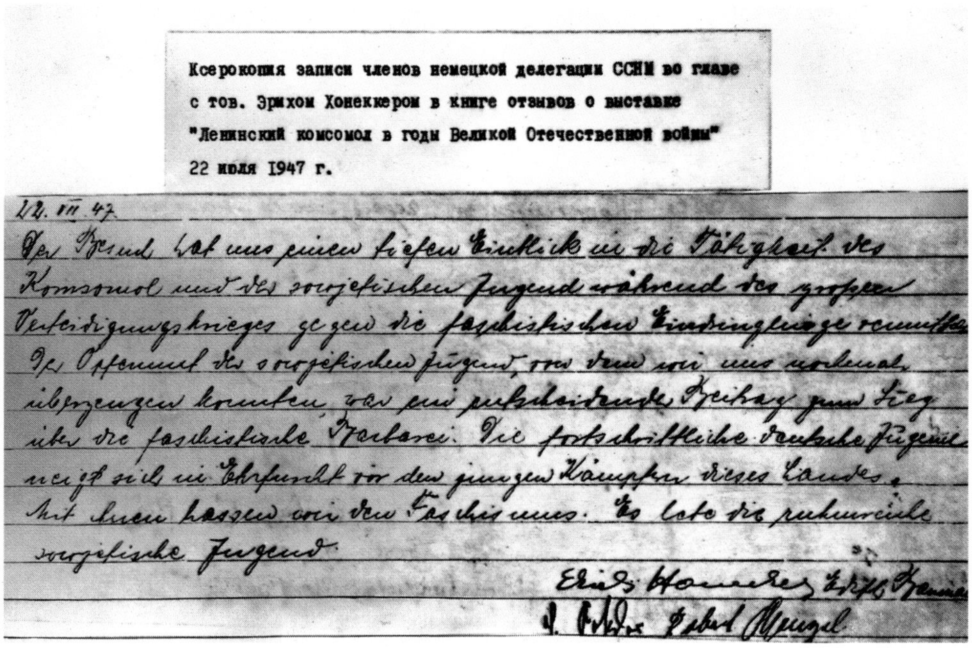
Ксерокопия записи членов немецкой делегации ССНМ во главе
с тов. Эрихом Хонеккером в книге отзывов о выставке
"Ленинский комсомол в годы Великой Отечественной войны"
22 июля 1947 г.

22. VII. 47.
Der Besuch hat uns einen tiefen Einblick in die Tätigkeit des Komsomol und der sowjetischen Jugend während des großen Verteidigungskrieges gegen die faschistischen Eindringlinge vermittelt. Der Opfermut der sowjetischen Jugend, von dem wir uns nochmals überzeugen konnten, war ein entscheidender Beitrag zum Sieg über die faschistische Barbarei. Die fortschrittliche deutsche Jugend neigt sich in Ehrfurcht vor den jungen Kämpfern dieses Landes. Mit ihnen hassen wir den Faschismus. Es lebe die ruhmreiche sowjetische Jugend.

Erich Honecker

LINKE SEITE
OBEN
5. August 1947, Flugplatz Schönefeld bei Berlin: die FDJ-Delegation der ersten Freundschaftsreise in die Sowjetunion

MITTE
Beim Besuch in einer Moskauer Berufsschule

UNTEN
Die Delegation in Stalingrad

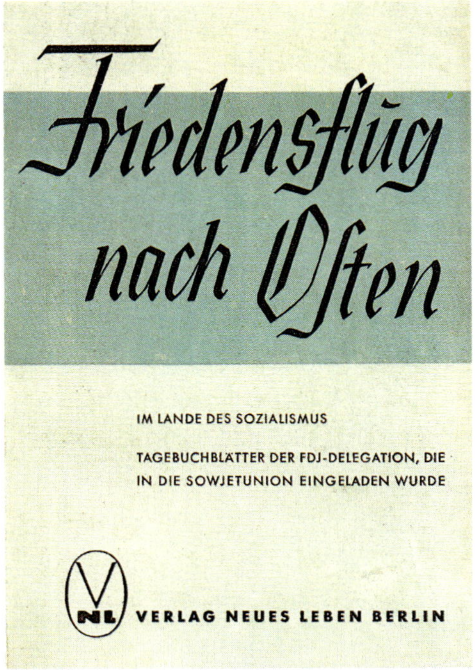

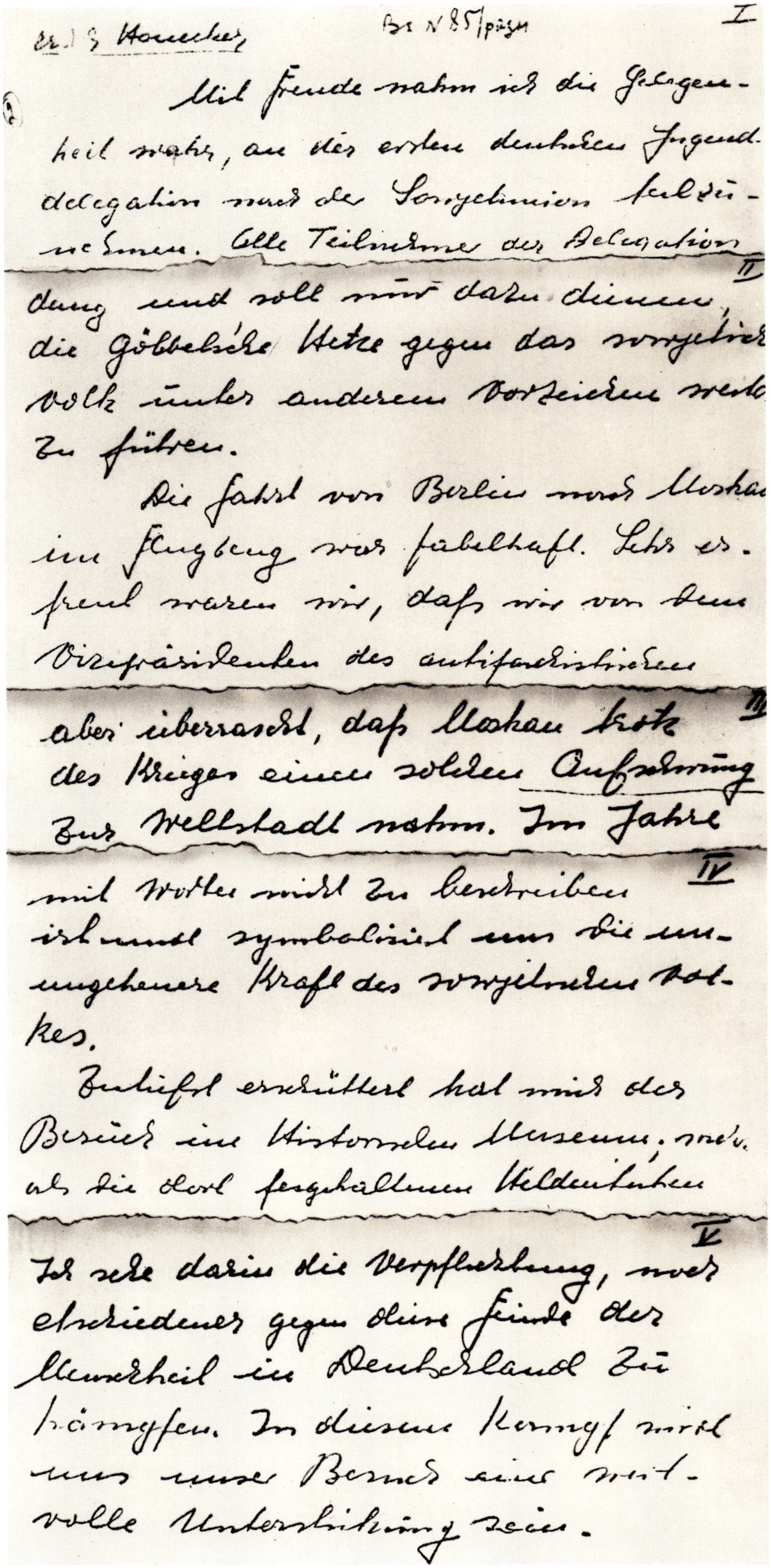

Erl. E. Honecker — Bz N 85/päsm — I

Mit Freude nahm ich die Gelegenheit wahr, an der ersten deutschen Jugenddelegation nach der Sowjetunion teilzunehmen. Alle Teilnehmer der Delegation

II

dung und soll nur dazu dienen, die Göbbelsche Hetze gegen das sowjetische Volk unter anderem vorzeichen weiter zu führen.

Die Fahrt von Berlin nach Moskau im Flugzeug war fabelhaft. Sehr erfreut waren wir, daß wir von dem Vizepräsidenten des antifaschistischen

III

aber überrascht, daß Moskau trotz des Krieges einen solchen Aufschwung zur Weltstadt nahm. Im Jahre

IV

mit Worten nicht zu beschreiben ist und symbolisiert uns die ungeheure Kraft des sowjetischen Volkes.

Zutiefst erschüttert hat mich der Besuch im Historischen Museum, nachdem als die dort festgehaltenen Heldentaten

V

Ich sehe darin die Verpflichtung, noch entschiedener gegen diese Feinde der Menschheit in Deutschland zu kämpfen. In diesem Kampf wird uns unser Besuch eine wertvolle Unterstützung sein.

OBEN
Umschlag der 1947 im Verlag Neues Leben herausgegebenen Broschüre über den «Friedensflug nach Osten»

DANEBEN
Auszüge aus dem handschriftlichen Bericht Erich Honeckers über die Freundschaftsreise in die Sowjetunion

OBEN
Anläßlich des 30. Jahrestags der Gründung des Leninschen Komsomol spricht Erich Honecker auf einer Festveranstaltung der FDJ in der Deutschen Staatsoper, 29. Oktober 1948

UNTEN
Erich Honecker und weitere Mitglieder des FDJ-Zentralrats mit Komsomolzen und Angehörigen der Sowjetarmee auf einer gemeinsamen Veranstaltung zum 10. Jahrestag der Befreiung vom Faschismus

Erich Honecker, Vorsitzender der Freien Deutschen Jugend

RECHTE SEITE
Vertreter der fortschrittlichen Jugend der ganzen Welt, unter ihnen die Abordnung der FDJ, ehren zu den III. Weltfestspielen der Jugend und Studenten 1951 in Berlin die im Kampf gegen den Faschismus gefallenen Helden der ruhmreichen Sowjetarmee

FDJ

Wir, die deutsche Jugend,
gelоben der Deutschen
Demokratischen
Republik Treue,
weil sie der Jugend
Frieden und ein besseres
Leben bringen will und
bringen wird!

Es lebe die
DEUTSCHE
DEMOKRATISCHE REPUBL
FDJ
FDJ

NICHT SEPARATREGIER

Das «Gelöbnis
der deutschen Jugend»,
am Abend des 11. Oktober 1949
von Erich Honecker,
dem Vorsitzenden der FDJ,
dem Präsidenten der Deutschen
Demokratischen Republik,
Wilhelm Pieck, überbracht

GELÖBNIS DER DEUTSCHEN JUGEND

Zum erstenmal in der langen Geschichte unseres Landes haben das deutsche Volk und seine Jugend sich einen Staat und eine Regierung geschaffen, die den wahren Interessen der deutschen Nation entsprechen.

Zum erstenmal in ihrer Geschichte darf die deutsche Jugend in Vertrauen und Liebe sich zu diesem Staat und seiner Regierung bekennen.

In dieser feierlich-freudigen Stunde gedenkt die deutsche Jugend der Lehren, die ihr Jahrhunderte bitterster Erfahrungen erteilt haben. Sie gedenkt der Helden und Märtyrer des deutschen Volkes, die von den Bauernkriegen bis zum Widerstand gegen Hitler für ein Deutschland des Volkes kämpften und starben. Sie gedenkt der Millionen junger Deutscher, die für volksfeindliche Interessen in Eroberungskriegen gegen friedliche Völker hingeopfert wurden.

Wir, die deutsche Jugend, geloben der Deutschen Demokratischen Republik Treue, weil sie der Jugend Frieden und ein besseres Leben bringen will und bringen wird!

Wir geloben der Deutschen Demokratischen Republik Treue, weil in ihr die Selbstbestimmung des deutschen Volkes zum erstenmal im ganzen Umfang hergestellt sein wird!

Wir geloben der Deutschen Demokratischen Republik Treue, weil sie das wahre Haus des Volkes ist und sein wird! Wir geloben, dieses unser aller Haus zu hüten und vor den Anschlägen der Kriegsbrandstifter und Zerstörer unserer Einheit zu schützen!

Wir geloben, unablässig an der Vervollkommnung unserer Fähigkeiten und an der Vertiefung unseres Wissens zu arbeiten! Wir wollen Baumeister sein an unserem neuen Haus der friedlichen Arbeit und der kämpferischen Humanität!

Wir grüßen aus tiefstem Herzen das Neue, unsere strahlende, freudige Zukunft!

Es lebe die deutsche Jugend im Bund mit der friedliebenden Jugend aller Länder! Es lebe die Deutsche Demokratische Republik, ihr Präsident und ihre Regierung in einer friedlichen Welt!

Im Auftrage der Freien Deutschen Jugend

E Honecker [illegible]

OBEN
Erich Honecker im Präsidium der 6. Tagung des Deutschen Volksrats in Berlin am 18. und 19. März 1949

UNTEN
Am 3. Februar 1950 versammeln sich im Steinsaal des Hauses der Nationalen Front in Berlin führende Persönlichkeiten aller Parteien und Organisationen. Erich Honecker, Vorsitzender der FDJ, verliest den Beschluß über die Konstituierung des Nationalrats der Nationalen Front des demokratischen Deutschland

FOLGENDES SEITENPAAR
Bei Enttrümmerungsarbeiten in Berlin, 1952

OBEN
Am 20. November 1945 treffen sich in London Vertreter der fortschrittlichen und friedliebenden Jugend der ganzen Welt und gründen den Weltbund der Demokratischen Jugend (WBDJ)

MITTE
Erich Honecker, Gerhard Heidenreich und Horst Brasch (v. r.) bei ihrer Rückkehr von der 3. Weltjugendratstagung in Otwock bei Warschau, August 1948

UNTEN/RECHTE SEITE
Auf seiner Tagung in Otwock bei Warschau am 21. August 1948 beschließt der Rat des WBDJ auf Vorschlag des polnischen Jugendverbands, die FDJ in die Vereinigung der fortschrittlichen Weltjugend aufzunehmen

Junge WELT

ZENTRALORGAN DER FREIEN DEUTSCHEN JUGEND

Berlin-Oberschöneweide schlägt Erfurt-West 3:2

(Sportberichte Seite 4/5)

AUSGABE A

2. JAHRGANG, NR. 34
BERLIN, DEN 25. AUGUST 1948
EINZELPREIS 30 PFENNIG

Weltjugendrat beschließt einstimmig Aufnahme der FDJ in den Weltbund

Erich Honecker, der 1. Vorsitzende der Freien Deutschen Jugend, der zur Zeit mit Horst Brasch und Gerhard Heydenreich an der in Warschau stattfindenden 3. Tagung des Weltjugendrates teilnimmt, sandte an den Zentralrat der FDJ nachfolgenden Telegramm:

TELEGRAMM:

AM 21. AUGUST WURDE IN DER SITZUNG DES RATES DES WBDJ DIE FDJ EINSTIMMIG IN DEN WELTBUND DER DEMOKRATISCHEN JUGEND AUFGENOMMEN - STOP - DAMIT IST FÜR DIE FORTSCHRITTLICHE DEUTSCHE JUGEND EINE ENTSCHEIDUNG VON GRÖSSTER HISTORISCHER BEDEUTUNG GEFALLEN - STOP - DIE DURCH DEN HITLERFASCHISMUS VERURSACHTE ISOLIERUNG DER DEUTSCHEN JUGEND IST BESEITIGT - STOP - JETZT LIEGT ES AN DER DEUTSCHEN JUGEND DURCH DEN ERFOLGREICHEN KAMPF FÜR DIE EINHEIT DEUTSCHLANDS UND EINEN GERECHTEN FRIEDEN ZU EINEM NOCH STÄRKEREN TRÄGER DER DEMOKRATIE UND DES FORTSCHRITTS ZU WERDEN - STOP -

ERICH HONECKER

Die ersten Stimmen:

Obwohl uns die Meldung von dem einstimmigen Beschluß des Weltjugendrates, die FDJ in den Weltbund aufzunehmen, erst unmittelbar vor Redaktionsschluß erreichte, konnten wir noch einige Stimmen zu dieser für die deutsche Jugend besonders bedeutungsvollen Nachricht erhalten.

Edith Baumann, die 2. Vorsitzende der FDJ, bezeichnete den Beschluß des Weltjugendrates als ein Ereignis, das die für den friedlichen Aufbau Deutschlands mobilisierten Kräfte der Jugend noch mehr als bisher verstärken wird. „Die Gewißheit, Aufnahme in den Kreis der fortschrittlichen Jugend der Welt gefunden zu haben, kann jeden deutschen Jungen und jedes deutsche Mädel nur mit Stolz erfüllen."

Hermann Axen, Organisationsleiter der FDJ, der an der Internationalen Konferenz der werktätigen Jugend in Warschau teilgenommen hatte, erklärte: „Die Nachricht von der Aufnahme der FDJ in den Weltbund beweist überzeugend, daß der Weg, den die FDJ seit ihrem Bestehen eingeschlagen hat, der richtige ist. Es kommt jetzt darauf an, durch unsere zukünftige Arbeit das uns von der Weltjugend entgegengebrachte Vertrauen zu rechtfertigen. Die deutsche Jugend, und an ihrer Spitze die Jungaktivisten, werden durch die Erfüllung des Zweijahresplanes zeigen, daß sich die junge deutsche Generation ein für allemal von den unheilbringenden Ideen des Faschismus abgewandt hat und gewillt ist, sich an die Seite derjenigen zu stellen, die für die Idee des friedlichen und demokratischen Zusammenlebens der Menschen in allen Ländern der Welt kämpfen."

Der Wendepunkt

Von Gerhard Zadek

Warschau ist für 45 000 000 Jugendliche ein Begriff geworden. Sechs Tage lang berichteten die Delegierten der arbeitenden Jugend aus 46 Ländern über ihre Probleme. Sie gaben ein getreues Bild von den wahren Verhältnissen in ihrer Heimat. Aus allen Berichten ging ganz klar hervor, daß in den kapitalistischen Ländern die Jugend um ihre berechtigten Hoffnungen nach dem Sieg über den deutschen Hitler-Faschismus gebracht worden ist. Zur gleichen Zeit hörten die Teilnehmer der Konferenz die Berichte aus der Sowjetunion und den Volksdemokratien, wo die Jugend alle wirtschaftlichen und politischen Rechte genießt.

Die Jugend der Kolonialvölker erhob unwiderlegbare Anklagen gegen ihre Unterdrücker. Cassim Jadwat, der südafrikanische Delegierte, berichtete, daß es in seiner Heimat Gesetze gibt, die acht Zehntel der Bevölkerung verbieten, Schulen zu besuchen oder irgendwelche technischen Handfertigkeiten zu erlernen. Bert Williams sprach auf der Konferenz von Mansur Habib aus Pakistan, der vor einiger Zeit mit bitterem Humor sagte: „Die Bauern Südostasiens bleiben jung bis zu ihrem Tode. Wie kann es einen alten Mann geben, wenn das Durchschnittsalter ungefähr 23 Jahre beträgt. Wir sind geboren, leben und sterben in den Fesseln des Todes. Wir kennen nichts wie Ausbeutung, Unterdrückung und Hunger."

Auf der Konferenz wurden von dem Delegierten Vietnams Fotografien gezeigt, auf denen die abgehackten Köpfe vietnamesischer Freiheitskämpfer zu sehen sind. Diese Greueltaten sind von französischen Söldnern begangen worden, die durch diese Terrorakte das Volk einschüchtern wollten.

In vielen Ländern müssen die Jugendlichen wieder von neuem mit der Waffe ihre Rechte und Freiheiten verteidigen. Bereits 100 000 Todesopfer hat der englisch-amerikanische Interventionskrieg in Griechenland gekostet, und täglich vermehrt sich ihre Zahl.

In Franco-Spanien werden 75 Prozent des

FOLGENDES SEITENPAAR
Demonstration der FDJ zu den III. Weltfestspielen der Jugend und Studenten in Berlin am 12. August 1951. 1,2 Millionen Jugendliche aus der DDR bekennen sich auf dem Marx-Engels-Platz zu ihrem Arbeiter-und-Bauern-Staat, zur Kraft der Völkerfreundschaft und der antiimperialistischen Solidarität, zur Verteidigung des Weltfriedens

PEACE
FRIEDEN
PAIX
FRIEDEN
PEACE
PEACE
PAIX
PEAC
PAIX

PAIX
PAIX
FRIEDEN
PAIX
PEACE
PEACE

OBEN LINKS
Auf dem IV. Parlament der FDJ in Leipzig vom 27. bis 30. Mai 1952 wird Erich Honecker von Franko Moranino, Kommandeur der 22. italienischen Partisanendivision und Mitglied des Politbüros der Italienischen Kommunistischen Partei, mit der höchsten Partisanenauszeichnung Italiens geehrt

DANEBEN
Erich Honecker verleiht im Haus des Zentralrats der FDJ in der Berliner Kronenstraße an 35 FDJler die ersten Abzeichen «Für gutes Wissen» in Gold, 17. Februar 1950

UNTEN LINKS
Auf der Tagung des Exekutivkomitees des WBDJ am 2. Juni 1950 in Berlin unterzeichnet Erich Honecker den Wettbewerb Berlin–Paris–Rom zur Ächtung der Atombombe (Stockholmer Appell)

DANEBEN
Erich Honecker beim Empfang der Internationalen Stafette zum Wiener Völkerkongreß für den Frieden in Berlin, 13. Juli 1953

LINKE SEITE
Erich Honecker und die Vorsitzende der Pionierorganisation, Margot Feist, begrüßen Wilhelm Pieck in der Pionierrepublik «Ernst Thälmann», 1950

OBEN
Erich Honecker,
Margot Feist (rechts)
und Heinz Keßler (links)
während einer Tagung
des FDJ-Zentralrats, 1947

MITTE
Auf einer FDJ-Zentralratstagung,
1949

UNTEN
Während der Beratungspausen
der FDJ-Delegiertenkonferenz
in den IFA-Werken im
heutigen Karl-Marx-Stadt, die
im Zeichen der Vorbereitung
der III. Weltfestspiele stand,
1951

RECHTE SEITE
Otto Grotewohl
und Erich Honecker
im Gespräch

Für den
FRIEDEN

OBEN/MITTE

Während des I. Deutschlandtreffens tagt in der Berliner Werner-Seelenbinder-Halle der Kongreß junger Friedenskämpfer, an dem etwa 8000 Delegierte, darunter 2000 aus der BRD und Westberlin, und ausländische Delegationen teilnehmen. Unter ihnen (v.l.): Stephan Hermlin, der zum Präsidenten des Kongresses gewählt wurde, Erich Honecker, Max Reimann, Vorsitzender der KPD, Rosa Thälmann

UNTEN

In einem Telegramm grüßt der Generalsekretär des Zentralkomitees der KPdSU (B) und Vorsitzende des Ministerrats der UdSSR, Jossif W. Stalin, die Teilnehmer des I. Deutschlandtreffens: «Ich wünsche der deutschen Jugend, dem aktiven Erbauer des einheitlichen, demokratischen und friedliebenden Deutschlands, neue Erfolge bei diesem großen Werk.»

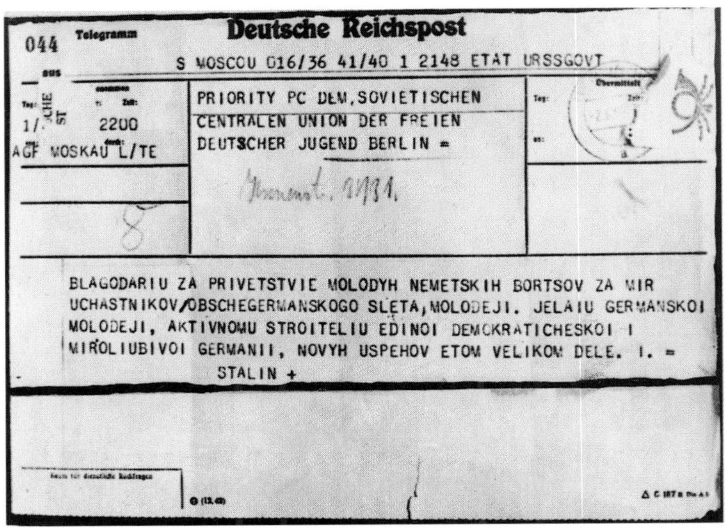

044 Telegramm **Deutsche Reichspost**

S MOSCOU 016/36 41/40 1 2148 ETAT URSSGOVT

1/ 2200

AGF MOSKAU L/TE

PRIORITY PC DEM.SOVIETISCHEN
CENTRALEN UNION DER FREIEN
DEUTSCHER JUGEND BERLIN =

BLAGODARIU ZA PRIVETSTVIE MOLODYH NEMETSKIH BORTSOV ZA MIR UCHASTNIKOV/OBSCHEGERMANSKOGO SLETA,MOLODEJI. JELAIU GERMANSKOI MOLODEJI, AKTIVNOMU STROITELIU EDINOI DEMOKRATICHESKOI I MIROLIUBIVOI GERMANII, NOVYH USPEHOV ETOM VELIKOM DELE. I. =
STALIN +

LINKE SEITE

Während der Demonstration der Jugend der DDR zum I. Deutschlandtreffen (27. bis 30. Mai 1950) bekunden Hunderttausende FDJler ihre enge Verbundenheit mit der Friedenspolitik der DDR und ihre Entschlossenheit, tatkräftig zur Festigung und Verteidigung der Arbeiter-und-Bauern-Macht beizutragen, 28. Mai 1950

WIR FORDERN
FREIE BETÄTIGUNG
FÜR
DIE FREIE DEUTSCHE JUGEND
IN WESTDEUTSCHLAND

OBEN
Auf Initiative der SED entsteht im Herbst 1947 die Volkskongreßbewegung für Einheit und gerechten Frieden, an der die FDJ aktiv teilnimmt. Erich Honecker spricht zu den Delegierten der 3. Landeskonferenz der FDJ in Hamburg, 17. und 18. April 1948

MITTE
Am 11. Mai 1952 findet in Essen ein Treffen von Jugendlichen der BRD gegen die Remilitarisierung und die Eingliederung der Bundesrepublik in das imperialistische Paktsystem statt. Dabei wird der einundzwanzigjährige FDJler Philipp Müller von der Polizei erschossen. Auf einer Kundgebung zu Ehren des ermordeten westdeutschen Patrioten am 12. Mai 1953 in der Berliner Werner-Seelenbinder-Halle spricht Erich Honecker

UNTEN
Am 16. und 17. August 1952 findet in Halle ein Treffen statt, an dem viele Jugendliche teilnehmen, die zu den III. Weltfestspielen am 15. August 1951 in Westberlin für die Erhaltung des Friedens demonstriert hatten und dafür von der Westberliner Polizei brutal auseinandergetrieben und zusammengeschlagen wurden. Ihnen wird bei dem Wiedersehenstreffen die Thälmann-Medaille der FDJ verliehen

LINKE SEITE
Erich Honecker protestiert auf einer Pressekonferenz des Zentralrats der FDJ gegen das Verbot der FDJ in der BRD, 21. Juli 1954

Nach übereinstimmender Auffassung sämtlicher Mitglieder des Jugendausschusses hat die Gesetzesvorlage der Regierung über die Teilnahme der Jugend am Aufbau der Deutschen Demokratischen Republik und die Förderung der Jugend in Schule und Beruf, bei Sport und Erholung nicht nur für die Jugend der Deutschen Demokratischen Republik, sondern für die gesamte junge Generation unseres Vaterlandes eine große Bedeutung.
Die Regierung der Deutschen Demokratischen Republik sieht . . . ihre Aufgabe darin, die Jugend vor der Ausbeutung zu schützen, ihre geistige, berufliche und körperliche Entwicklung zu fördern, ihre Teilnahme am gesellschaftlichen Leben zu sichern, ihre Erziehung im Geiste des Kampfes um den Frieden und des Fortschritts zu gewährleisten. Und dies ist das Neue an der Entwicklung, und für dieses Neue wird die junge Generation Deutschlands sich voll und ganz in verstärktem Maße einsetzen.

OBEN
Eine Delegation der FDJ dankt den Abgeordneten der Volkskammer für die Annahme des ersten Jugendgesetzes der DDR, 8. Februar 1950

DARUNTER
Das Jugendgesetz wird verwirklicht

LINKE SEITE
Erich Honecker erläutert auf einer Kundgebung vor jungen Wählern in Chemnitz (heute Karl-Marx-Stadt) das Jugendgesetz, 8. Oktober 1950

FOLGENDES SEITENPAAR
Bei der Eröffnung der III. Weltfestspiele 1951; v.r.: Otto Grotewohl, Wilhelm Pieck, Erich Honecker, Walter Ulbricht, Rosa Thälmann, Margot Feist

FDJ

OBEN
Während der Sitzung des Politbüros des Zentralkomitees der SED unter Vorsitz von Wilhelm Pieck und Otto Grotewohl am 8. August 1950

UNTEN
Erich Honecker bei seiner Diskussionsrede auf dem III. Parteitag der SED in der Berliner Werner-Seelenbinder-Halle (20. bis 24. Juli 1950)

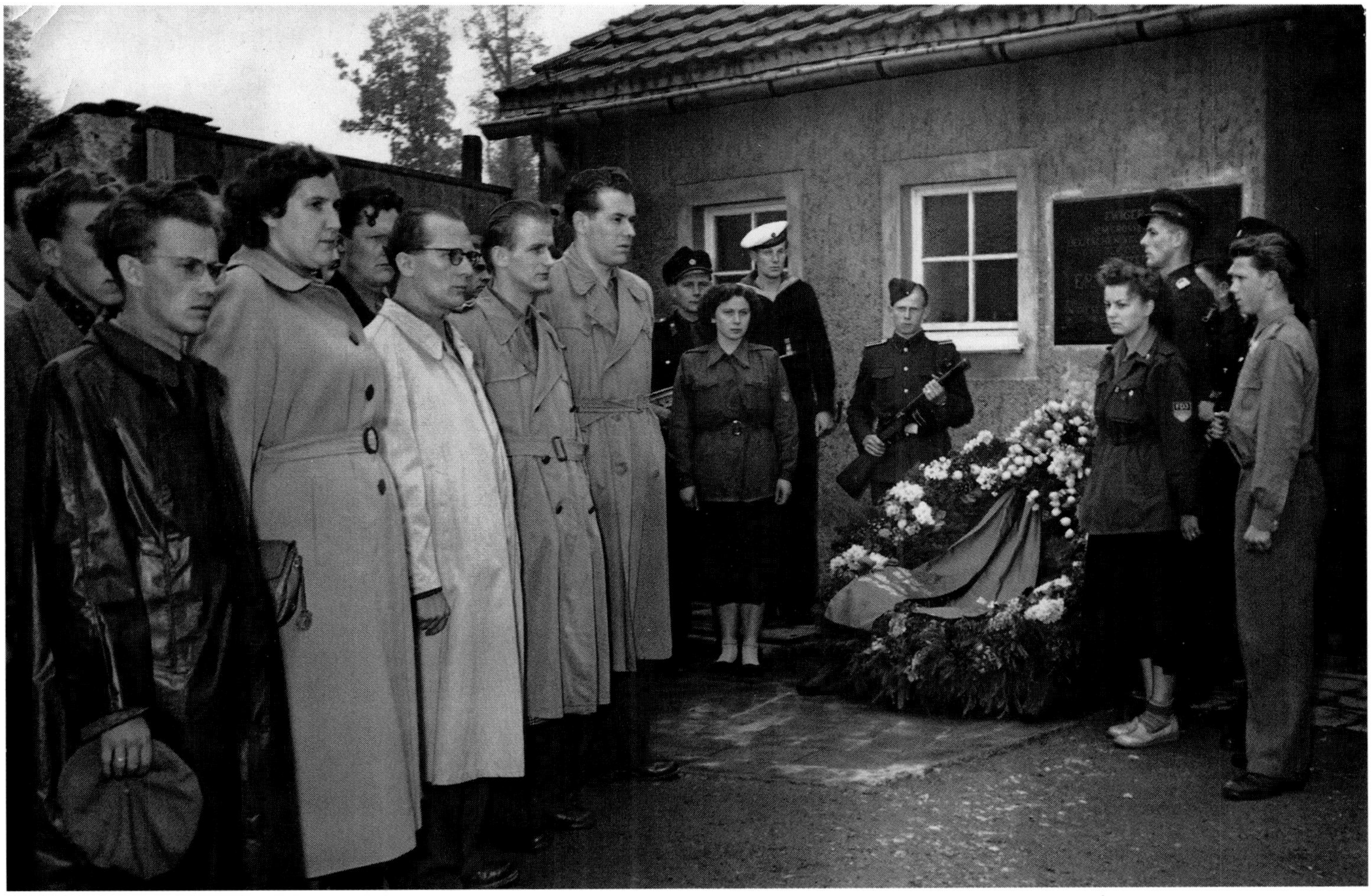

OBEN
Während des V. Parlaments der FDJ in Erfurt legen Mitglieder des Zentralrats der FDJ im Vorhof des Krematoriums des KZ Buchenwald, an der Stätte der Ermordung Ernst Thälmanns, im Gedenken an den Arbeiterführer einen Kranz nieder, Mai 1955

UNTEN
Am 16. Juni 1955 zeichnet Wilhelm Pieck in seinem Amtssitz in Berlin-Niederschönhausen Erich Honecker für seine Verdienste bei der Festigung und Stärkung der DDR, insbesondere beim Aufbau und bei der Entwicklung der FDJ, mit dem Vaterländischen Verdienstorden in Gold aus

OBEN
Otto Grotewohl zeichnet Erich Honecker mit dem Orden «Banner der Arbeit» aus, 7. Mai 1960

UNTEN
Beim Turn- und Sportfest 1957 in Leipzig begrüßt Erich Honecker eine Kampfrichterin

LINKE SEITE
OBEN
Während der 8. Sitzung der Volkskammer, rechts neben Erich Honecker Otto Buchwitz, 2. Dezember 1959

MITTE
Sitzung des Politbüros des ZK der SED, 1969

UNTEN
Auf einer Wahlkundgebung in Neuhaus (Bezirk Suhl) zu den Volkskammerwahlen 1958

Vom 3. bis zum 5. August 1961 fand in Moskau eine Beratung der Ersten Sekretäre der Zentralkomitees der kommunistischen und Arbeiterparteien der Staaten des Warschauer Vertrages statt, der auch Vertreter von Bruderparteien aus anderen sozialistischen Ländern Asiens beiwohnten. Im Einvernehmen mit der KPdSU schlug die SED vor, die Grenzen der DDR gegenüber Berlin-West und der BRD unter die zwischen souveränen Staaten übliche Kontrolle zu nehmen. Diesem Vorschlag stimmte die Moskauer Beratung einmütig zu.

Vom damaligen Vorsitzenden des Nationalen Verteidigungsrats der DDR, Walter Ulbricht, wurde mir die Vorbereitung und Durchführung der hierfür erforderlichen Aktion übertragen.

Zur unmittelbaren Leitung der Operation richtete ich meinen Stab im Berliner Polizeipräsidium ein.

Um 0.00 Uhr wurde Alarm gegeben und die Aktion ausgelöst. Damit begann eine Operation, die an dem nun anbrechenden Tag, einem Sonntag, die Welt aufhorchen ließ.

Wie der Verlauf der Ereignisse bestätigte, bestanden die bewaffneten Kräfte der DDR ihre Bewährungsprobe hervorragend.

Wiederholt bin ich gefragt worden, ob wir seinerzeit bewußt das Risiko eines großen Krieges eingegangen wären.

Wir unternahmen keine andere Aktion als jeder andere unabhängige, souveräne Staat. Lediglich nahmen wir unsere Grenze gemäß dem damals wie heute von der Organisation der Vereinten Nationen verbrieften Völkerrecht unter Kontrolle. Damit wurde der Frieden gerettet und der Grundstein für das weitere Aufblühen der Deutschen Demokratischen Republik gelegt.

OBEN
Im Oktober 1961 wird an der Staatsgrenze der DDR in Berlin durch die Ruhe und Besonnenheit der Soldaten und Offiziere der DDR eine schwerwiegende Provokation bewaffneter US-Soldaten verhindert

MITTE
Die Bevölkerung der Hauptstadt nimmt am 9. Oktober 1964 in der Friedrich-Engels-Kaserne in Berlin Abschied von Unteroffizier Egon Schulz, der am 5. Oktober 1964 bei seinem Dienst an der Staatsgrenze von Westberliner Verbrechern meuchlings ermordet wurde

UNTEN
Erich Honecker besucht am 15. September 1961 Einheiten der Grenztruppen an der westlichen Staatsgrenze der DDR im Kreis Bad Salzungen und dankt den Soldaten für ihre vorbildliche Einsatzbereitschaft zum Schutz des Friedens

LINKE SEITE
OBEN
Kampfgruppen der Arbeiterklasse am Brandenburger Tor in Berlin

DARUNTER
Die Bürger der Hauptstadt und führende Vertreter der Partei der Arbeiterklasse danken am 23. August 1961 auf einem feierlichen Appell der Berliner Kampfgruppen den Kämpfern für ihre Einsatzbereitschaft

OBEN
Erich Honecker im Gespräch mit Jugendlichen, die an der Jugendweihe am 30. März 1958 in Halle teilnehmen

MITTE
Die Mitglieder der SED-Delegation zum XXIII. Parteitag der KPdSU werden am 6. April 1966 im Chemischen Institut für elementare Verbindungen in der sowjetischen Hauptstadt herzlich begrüßt

DANEBEN
Erich Honecker und Max Reimann, 1. Sekretär des ZK der KPD, während einer Tagungspause des VI. Parteitags der SED (15. bis 21. Januar 1963) im Gespräch

UNTEN
Die Delegation der SED zur Internationalen Beratung der kommunistischen und Arbeiterparteien in Moskau (5. bis 17. Juni 1969)

LINKE SEITE
Erich Honecker, Leiter der Delegation des Zentralkomitees der SED, inmitten von Delegierten des VIII. Parlaments der FDJ in Karl-Marx-Stadt, 1967

Als Kommunisten
sind wir in jeder Situation
Vertrauensleute des Volkes,
beseelt von dem Willen
und der Verantwortung,
alles für das Wohl
und das Glück
der Menschen zu tun.

In Karl Marx
ehren wir den größten Sohn des deutschen Volkes, den genialen Begründer des wissenschaftlichen Kommunismus, den hervorragenden Führer der deutschen und der internationalen Arbeiterklasse, den glühenden Funktionär und unermüdlichen Kämpfer für die Sache des Proletariats, indem wir im Leben unserer Republik den Nachweis für die Aktualität und Lebenskraft der von ihm begründeten Lehre erbringen.

OBEN
Erich Honecker hält das Referat auf der Internationalen Wissenschaftlichen Konferenz des ZK der SED über «Die wachsende Rolle der kommunistischen Parteien im Prozeß des Aufbaus des Sozialismus und Kommunismus», 16. Juni 1970

UNTEN
Erich Honecker während seiner Rede auf der Internationalen Wissenschaftlichen Karl-Marx-Konferenz im Palast der Republik, April 1983

LINKE SEITE
Das 1986 in Berlin eingeweihte Denkmal von Karl Marx und Friedrich Engels

OBEN
Erich Honecker eröffnet am 29. Juni 1976 in der Hauptstadt der DDR die Konferenz der kommunistischen und Arbeiterparteien Europas

UNTEN
Die Delegation der SED auf der Wirtschaftsberatung der Mitgliedsländer des RGW im Georg-Saal des Großen Kreml-Palastes in Moskau, 15. Juni 1984

OBEN
Am 10. November 1986 kommen in Moskau die führenden Repräsentanten der Bruderparteien der RGW-Länder zu einem Arbeitstreffen zusammen

UNTEN
Die Leiter der Delegationen zur Tagung des Politischen Beratenden Ausschusses der Teilnehmerstaaten des Warschauer Vertrages in Berlin, 29. Mai 1987

Erich Honecker
Zur Jugendpolitik der SED
ERICH HONECKER
Aus meinem Leben
ERICH HONECKER
9
Reden und Aufsätze
XI. PARTEITAG
Bericht des Zentralkomitees der Sozialistischen Einheitspartei Deutschlands an den XI. Parteitag der SED
XI. Parteitag der Sozialistischen Einheitspartei Deutschlands
Berichterstatter: Genosse Erich Honecker
SED
Reiche Kultur – vom Volke für das Volk geschaffen
Treffen Erich Honeckers mit Kunst- und Kulturschaffenden der DDR am 20. September 1984 in Berlin
Die Gründung der DDR war ein Wendepunkt in der Geschichte des deutschen Volkes und Europas
Parteiarbeiter
Freundschaftsbesuch Erich Honeckers in der Sowjetunion
Erich Honecker
Friedensflug
Erich Honecker
Die Kulturpolitik unserer Partei wird erfolgreich verwirklicht
Erich Honecker
Wir sind für den Frieden auf der Erde und im Kosmos
Interview
für die BRD-Wochenzeitung »Die Zeit«
ERICH HONECKER
Unser Ziel: Der freie Mensch

Erich Honecker
wird auf dem
XI. Parteitag der SED
zu seiner Wiederwahl
als Generalsekretär
des Zentralkomitees der SED
beglückwünscht

LINKE SEITE
Auswahl von Aufsätzen,
Reden und Schriften

Als wir den VIII. Parteitag der SED vorbereiteten, bewegte uns die Frage, wie man, gestützt auf die bisherigen guten Ergebnisse, den Sinn des Sozialismus, nämlich alles zu tun für das Wohl des Volkes, mit noch größerer Konsequenz in den Zielen der Wirtschafts- und Sozialpolitik verankern und verwirklichen kann. Natürlich wußten wir, daß es selbst bei bedeutenden wirtschaftlichen Erfolgen nicht möglich ist, allen Wünschen und Erwartungen zu entsprechen. Daher galt es, die Ziele der Wirtschafts- und Sozialpolitik genau abzuwägen, sie zu den verfügbaren Mitteln und zum möglichen Leistungsanstieg der Volkswirtschaft ins Verhältnis zu setzen. Dementsprechend beschloß der VIII. Parteitag der SED als Hauptaufgabe, das materielle und kulturelle Lebensniveau des Volkes weiter zu erhöhen und durch ein hohes Entwicklungstempo der sozialistischen Produktion, die Erhöhung der Effektivität, den wissenschaftlich-technischen Fortschritt und das Wachstum der Arbeitsproduktivität die Voraussetzungen dafür zu schaffen.

Das Bauen
in unserem Land
ist eine der schönsten
Aufgaben.
Durch eure Tätigkeit
verändert ihr das Antlitz
der Städte und Dörfer,
helft ihr, das Leben
der Menschen
ständig weiter zu
verbessern.

Vor kurzem hatte ich die Möglichkeit, mir Luftaufnahmen von Berlin im Mai 1945 anzusehen. Wenn man sie betrachtet, dann kann man sich eine Vorstellung machen, welchen Trümmerhaufen uns der faschistische Raubkrieg hinterlassen hatte. Für einen, der das nicht erlebt hat, ist es schwer verständlich, daß in diesen Trümmern noch Menschen lebten. Aber, das kann jeder bezeugen, der damals in Berlin war, sie lebten und gingen daran, die Bedingungen ihres Lebens zu ändern.
Wir wirken auch nach 35 Jahren des Bestehens der DDR immer noch nach dem Motto «Bau auf, bau auf, Freie Deutsche Jugend, bau auf!» – die Alten und die Jungen. Nichts spricht deutlicher für unseren Optimismus, daß dem Frieden die Zukunft gehört, als die Tatsache, daß wir im Wohnungsbauprogramm in Berlin und in der Republik fortfahren – mit größerem Tempo als bisher.
Was hier entsteht, dient unserer ganzen Republik, erhöht ihr weltweites Ansehen. Zwischen Rostock und Suhl werden die Menschen mit noch größerem Stolz auf ihre Hauptstadt schauen, die kraftvoll und schön ist, ein würdiges Symbol unseres sozialistischen Vaterlandes.

Bau auf, bau auf

Jugend erwach

2
Allüberall der Hammer ertönt,
die werkende Hand zu uns spricht:
Deutsche Jugend, pack an,
brich dir selber die Bahn,
für Frieden, Freiheit und Recht.
Kein Zwang und kein Drill,
der eigene Will'
bestimme dein Leben fortan.
Blicke frei in das Licht,
das dir niemals gebricht.
Deutsche Jugend, steh deinen Mann.
Bau auf, bau auf . . .

Worte und Musik:
Reinhard Limberg

OBEN
1948, erstes Jugendobjekt «Max braucht Wasser»

MITTE
Erich Honecker spricht vor jungen Arbeitern im Eisenhüttenkombinat Ost, 1952. Links Siegfried Graupner, Leiter vieler Jugendobjekte

UNTEN
Herzliches Wiedersehen zwischen Erich Honecker und Siegfried Graupner im August 1972 während eines Besuchs im KKW Nord

In Vorbereitung auf das I. Deutschlandtreffen und die III. Weltfestspiele der Jugend und Studenten in Berlin werden in der Hauptstadt der DDR mit Hilfe der FDJ zahlreiche neue Kultur- und Sportstätten errichtet, so das Stadion der Weltjugend und das Friesen-Schwimmstadion

Präsident Wilhelm Pieck und Erich Honecker besichtigen Baustellen

OBEN
Erich Honecker überreicht jungen Bauarbeitern des Blocks E-Süd für gute Arbeitsleistungen Musikinstrumente und Sportgeräte

UNTEN
Blick auf die 1952 im Bau befindliche Karl-Marx-Allee in Berlin. Der Block E-Süd in der Stalinallee wurde Jugendobjekt. Nach mehrmonatiger angestrengter Arbeit erfüllten die Lehrlinge ihre Verpflichtung, die Richtkrone zu Ehren der 2. Parteikonferenz der SED auf den Bau zu setzen

RECHTE SEITE
Erich Honecker bei einer Aufbauschicht

OBEN
Urkunde zur Grundsteinlegung des Palastes der Republik

UNTEN
Mit den drei traditionellen Hammerschlägen vollzieht Erich Honecker die Grundsteinlegung für den Palast der Republik auf dem Berliner Marx-Engels-Platz, 2. November 1973

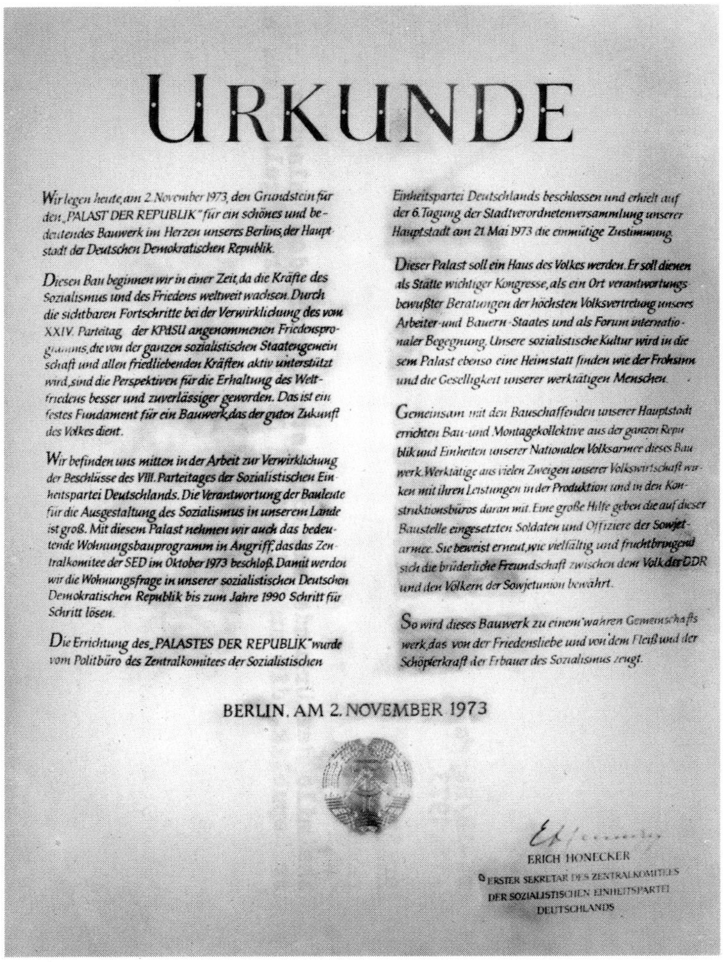

URKUNDE

Wir legen heute, am 2. November 1973, den Grundstein für den „PALAST DER REPUBLIK" für ein schönes und bedeutendes Bauwerk im Herzen unseres Berlins, der Hauptstadt der Deutschen Demokratischen Republik.

Diesen Bau beginnen wir in einer Zeit, da die Kräfte des Sozialismus und des Friedens weltweit wachsen. Durch die sichtbaren Fortschritte bei der Verwirklichung des vom XXIV. Parteitag der KPdSU angenommenen Friedensprogramms, die von der ganzen sozialistischen Staatengemeinschaft und allen friedliebenden Kräften aktiv unterstützt wird, sind die Perspektiven für die Erhaltung des Weltfriedens besser und zuverlässiger geworden. Das ist ein festes Fundament für ein Bauwerk, das der guten Zukunft des Volkes dient.

Wir befinden uns mitten in der Arbeit zur Verwirklichung der Beschlüsse des VIII. Parteitages der Sozialistischen Einheitspartei Deutschlands. Die Verantwortung der Bauleute für die Ausgestaltung des Sozialismus in unserem Lande ist groß. Mit diesem Palast nehmen wir auch das bedeutende Wohnungsbauprogramm in Angriff, das das Zentralkomitee der SED im Oktober 1973 beschloß. Damit werden wir die Wohnungsfrage in unserer sozialistischen Deutschen Demokratischen Republik bis zum Jahre 1990 Schritt für Schritt lösen.

Die Errichtung des „PALASTES DER REPUBLIK" wurde vom Politbüro des Zentralkomitees der Sozialistischen Einheitspartei Deutschlands beschlossen und erhielt auf der 6. Tagung der Stadtverordnetenversammlung unserer Hauptstadt am 21. Mai 1973 die einmütige Zustimmung.

Dieser Palast soll ein Haus des Volkes werden. Er soll dienen als Stätte wichtiger Kongresse, als ein Ort verantwortungsbewußter Beratungen der höchsten Volksvertretung unseres Arbeiter- und Bauern-Staates und als Forum internationaler Begegnung. Unsere sozialistische Kultur wird in diesem Palast ebenso eine Heimstatt finden wie der Frohsinn und die Geselligkeit unserer werktätigen Menschen.

Gemeinsam mit den Bauschaffenden unserer Hauptstadt errichten Bau- und Montagekollektive aus der ganzen Republik und Einheiten unserer Nationalen Volksarmee dieses Bauwerk. Werktätige aus vielen Zweigen unserer Volkswirtschaft wirken mit ihren Leistungen in der Produktion und in den Konstruktionsbüros daran mit. Eine große Hilfe geben die auf dieser Baustelle eingesetzten Soldaten und Offiziere der Sowjetarmee. Sie beweist erneut, wie vielfältig und fruchtbringend sich die brüderliche Freundschaft zwischen dem Volk der DDR und den Völkern der Sowjetunion bewährt.

So wird dieses Bauwerk zu einem wahren Gemeinschaftswerk, das von der Friedensliebe und von dem Fleiß und der Schöpferkraft der Erbauer des Sozialismus zeugt.

BERLIN, AM 2. NOVEMBER 1973

ERICH HONECKER
ERSTER SEKRETÄR DES ZENTRALKOMITEES
DER SOZIALISTISCHEN EINHEITSPARTEI
DEUTSCHLANDS

RECHTE SEITE
Der Palast der Republik

OBEN
Der restaurierte
und wiederaufgebaute
Berliner Dom

UNTEN
Blick von der Burgstraße
auf den im zweiten Weltkrieg
zerstörten Dom
(Aufnahme von 1946)

OBEN
Der Alexanderplatz heute

UNTEN
Der Alexanderplatz
im Mai 1945

OBEN
Erich Honecker zu Gast bei der Berliner Arbeiterfamilie Fichtner, die die zweimillionste Wohnung, die innerhalb des Wohnungsbauprogramms seit dem VIII. Parteitag der SED fertiggestellt wurde, bezog

MITTE
Während seines Rundgangs am Arkonaplatz besucht Erich Honecker auch die Fleischerei von Siegfried Kayser

DANEBEN
Grundsteinlegung eines neuen Wohngebiets in Berlin-Hohenschönhausen

UNTEN
Erich Honecker im Gespräch mit Berliner Bauleuten in den «Altberliner Kaffeestuben» am Arkonaplatz

LINKE SEITE
Ein Meeting auf dem Arkonaplatz in Berlin-Mitte vereint am 9. Februar 1984 Bauarbeiter und Bürger des Stadtbezirks mit Mitgliedern der Partei- und Staatsführung zur Übergabe der zweimillionsten neu- oder umgebauten Wohnung seit 1971

OBEN
Das am Vorabend des XI. Parteitags der SED 1986 im Ernst-Thälmann-Park eingeweihte Denkmal des deutschen Arbeiterführers

UNTEN
Die jüngsten Bewohner des Ernst-Thälmann-Parks begrüßen Erich Honecker während seines Besuchs im neuen Wohngebiet am 16. August 1985

RECHTE SEITE
Der Ernst-Thälmann-Park bietet viele Möglichkeiten für Spiel, Sport und Erholung

Seit die geplanten Wohnungen in immer größerer Zahl in die Höhe wuchsen, oft ganz neue Straßen, Wohngebiete und Stadtteile entstanden, seit die Modernisierung und Werterhaltung einen steilen Aufschwung nahmen, bestätigte sich immer mehr, wieviel das alles für das Leben der Menschen, für das Bild unserer Städte und Dörfer, für die Schönheit unserer Heimat, unseres Vaterlandes bedeutet.

Die Durchführung des Wohnungsbauprogramms erbringt uns allen den anschaulichen Beweis, daß in der Politik unserer Partei Wort und Tat voll übereinstimmen. Wie wir alle wissen, war die Lösung der Wohnungsfrage stets ein Grundanliegen der revolutionären Arbeiterbewegung.

messehaus
am markt

Für uns Kommunisten
ist die tiefe Verbundenheit
mit dem Volk
die normalste und
selbstverständlichste Art,
unsere Aufgaben
zu bewältigen.

OBEN
Erich Honecker spricht mit jungen Gleisbauarbeitern auf dem Bau der Jugend in Trattendorf, 1954

MITTE
Am 10. und 11. April 1948 tagt in Zeitz der vom FDJ-Zentralrat einberufene Kongreß junger Arbeiter der volkseigenen Betriebe, der als 1. Jungaktivistenkongreß in die Geschichte der DDR eingegangen ist. Otto Grotewohl während seiner Rede vor den Jungaktivisten. Im Präsidium: Walter Ulbricht (2. v. l.) und Erich Honecker (5. v. l.)

UNTEN
Erich Honecker bei Arbeitern im Stahlwerk Brandenburg, März 1952

Freundschaftliche Begegnung mit Werktätigen
des Maschinenbaukombinats «Fritz Heckert»
in Karl-Marx-Stadt, Mai 1971

In den Funktionen, mit denen mich die Sozialistische Einheitspartei Deutschlands betraute, sowohl im sozialistischen Jugendverband als auch im Kollektiv ihrer Führung, nutzte ich jede Möglichkeit, um mich durch persönlichen Kontakt über das Leben der Werktätigen und das, was sie bewegt, über die konkrete Situation im Lande zu informieren. Gewissermaßen «aus erster Hand».

So halte ich es auch heute, in meiner Funktion als Generalsekretär des Zentralkomitees der SED und als Vorsitzender des Staatsrats der Deutschen Demokratischen Republik bei meinen Treffen mit Arbeitern, mit Bürgern in Städten und Gemeinden, mit Angehörigen der Nationalen Volksarmee und der anderen bewaffneten Organe.

OBEN
Im vertrauensvollen Gespräch mit Arbeitern im Stammbetrieb des Werkzeugmaschinenkombinats «Fritz Heckert» in Karl-Marx-Stadt, 15. Oktober 1976

DANEBEN
Besuch im Kombinat VEB Chemische Werke Buna, 13. März 1980

MITTE
Herzliche Begegnung mit Werktätigen des VEB Buchungsmaschinenwerk in Karl-Marx-Stadt, 10. Juni 1981

DANEBEN
Besichtigung des VEB Robotron-Büromaschinenwerk «Ernst Thälmann» in Sömmerda, 22. Mai 1986

UNTEN
Besichtigung einer Ausstellung des Kombinats VEB Carl Zeiss JENA, 23. Mai 1986

DANEBEN
Gespräche und Begegnungen mit Arbeitern während eines Betriebsrundgangs durch die Rudolf-Harlaß-Gießerei Wittgensdorf (Bezirk Karl-Marx-Stadt), 5. Juni 1986

Herzliches Zusammentreffen mit Bauarbeitern in Karl-Marx-Stadt, 15. Oktober 1976

OBEN
FDJ-Mitglieder der
MAS Frohburg
begrüßen Erich Honecker
bei seinem Besuch,
1950

DARUNTER
Auf dem 2. Kongreß
junger Neuerer
der Landwirtschaft
in Schwerin, 1955

Erich Honecker besichtigt
mit weiteren Mitgliedern
der Parteiführung
am 1. Juni 1972
den VEB Rindermast
in Ferdinandshof
im Bezirk Neubrandenburg

Auf den Feldern
der Kooperation Dedelow,
Kreis Prenzlau, 1. Juni 1972

RECHTE SEITE
Eine Schäferin
begrüßt Erich Honecker
auf der agra 81
in Leipzig-Markkleeberg,
20. Juni 1981

Wir können sagen, daß die Wissenschaft der Deutschen Demokratischen Republik mit der Zeit geht. Noch zu keiner Zeit hatte unsere Wissenschaft solche Perspektiven und Möglichkeiten. Zugleich erwachsen ihr neue Aufgaben, die für jeden Wissenschaftler eine Herausforderung an das Niveau und das Tempo ihrer Lösung sind. An unseren Akademien, im Hochschulwesen und in den Kombinaten der Industrie sowie in anderen Bereichen gibt es ein nicht unbeträchtliches wissenschaftliches Potential. Es muß in qualitativ neuer Weise, mit wesentlich höheren Ergebnissen zum Tragen gebracht werden. Der Wissenschaft kommt die Verantwortung zu, in der fortwährenden Auseinandersetzung des Menschen mit der Natur das «belebende Feuer» zu sein.

OBEN
Beim Besuch in der Akademie der Wissenschaften der DDR informieren Mitglieder des Jugendobjekts Rechnerkomplex Erich Honecker über ihre Arbeitsergebnisse, 12. November 1981

MITTE
Anläßlich der Feierlichkeiten zum 150. Jubiläum der Technischen Universität Dresden wird den Mitgliedern der Parteiführung die Funktion des ersten an einer Bildungsstätte der DDR installierten Ausbildungs- und Forschungsreaktors erläutert, 9. Oktober 1978

UNTEN
Erich Honecker besichtigt zur Eröffnung des neuerbauten Chirurgisch Orientierten Zentrums der Charité auch die mit modernsten medizinischen Geräten ausgestattete Abteilung für Intensivmedizin, 14. Juni 1982

LINKE SEITE
Hörsaal in der Friedrich-Schiller-Universität Jena

OBEN
Erich Honecker empfängt Walentina Nikolajewa-Tereschkowa, die erste Frau im All, 4. August 1973

UNTEN
Bei der Besichtigung der technischen Einrichtungen im Sternenstädtchen bei Moskau; Erich Honecker mit Alexei Leonow in einer Trainingskapsel, Februar 1976

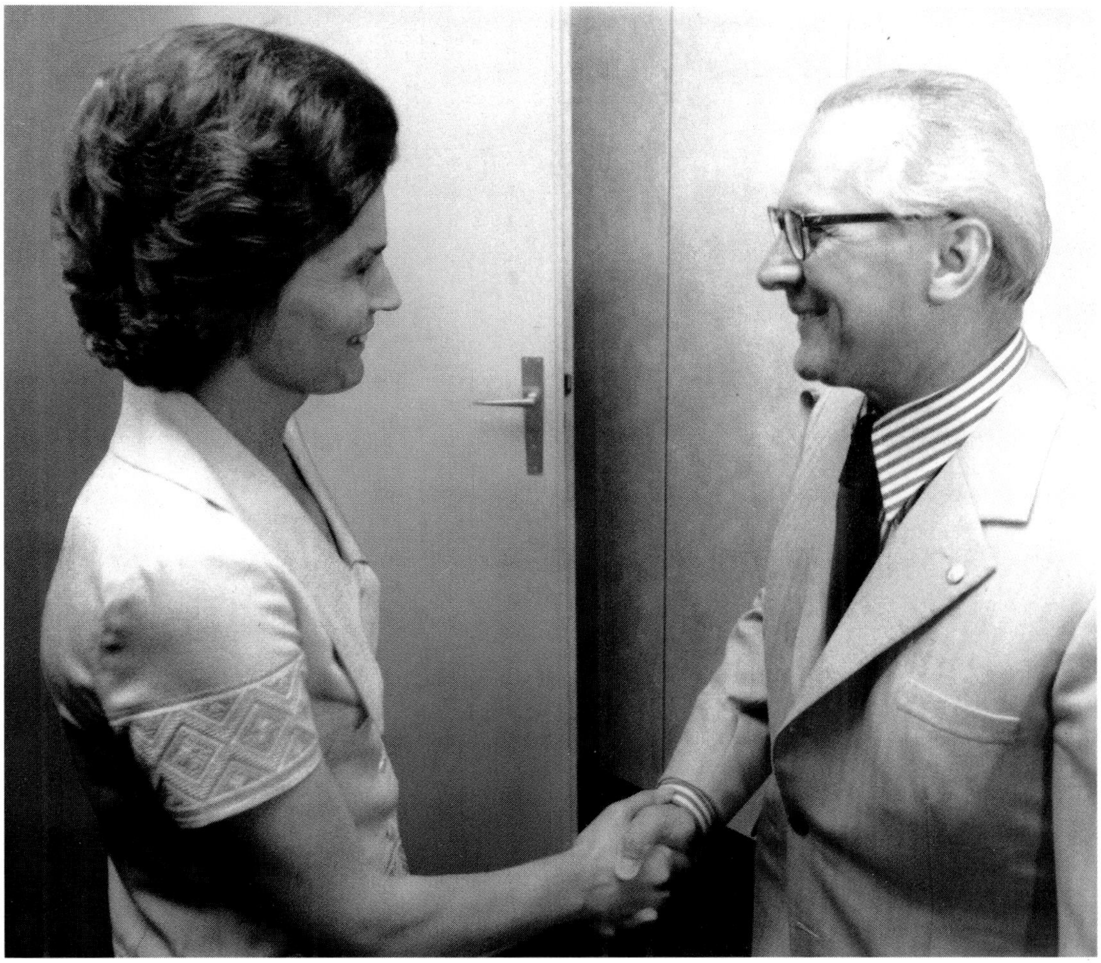

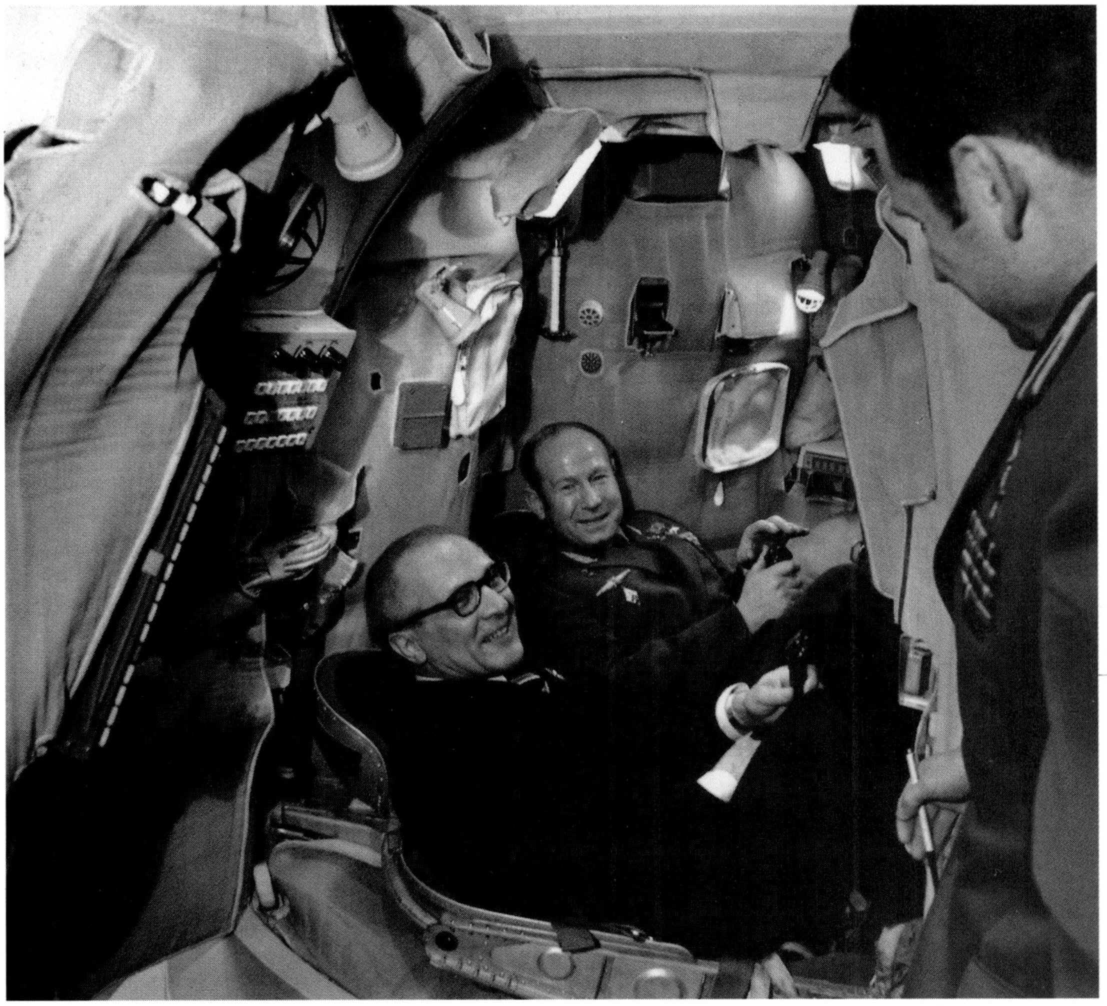

LINKE SEITE
Start einer sowjetischen Weltraumrakete

Erich Honecker zeichnet den Fliegerkosmonauten Sigmund Jähn aus

LINKE SEITE
Hunderttausende Berliner begrüßen
die von Erich Honecker begleiteten Kosmonauten
Sigmund Jähn und Waleri Bykowski,
21. September 1978

Kommt es zu einer Gesundung der internationalen Lage, so bieten sich auch dem weltoffenen Handel neue Perspektiven. Handelsbeziehungen auf der Grundlage der Gleichberechtigung und des gegenseitigen Vorteils, nicht zuletzt zwischen Staaten unterschiedlicher gesellschaftlicher Ordnung im Sinne der friedlichen Koexistenz, spielen zugleich eine beträchtliche Rolle bei der Stabilisierung des Friedens.

Beim traditionellen Rundgang auf der Leipziger Messe

In der DDR entfaltet sich die sozialistische Nationalkultur, welche die besten Traditionen der humanistischen Kultur des deutschen Volkes weiterführt.

Wenn ich mich auf den Schriftstellerkongressen, den zentralen Kunstausstellungen in Dresden oder in der Akademie der Künste umgeschaut habe, dann war ich stolz auf die vielen Kampfgefährten, die wir unter den Künstlern gefunden haben und deren Werke unser Land auch weit außerhalb seiner Grenzen repräsentieren. Da konnte ich Ernst Busch, dem Sänger der revolutionären Arbeiterbewegung, die Hand schütteln und saß neben dem einstigen Adelssproß Vieth von Golßenau, dem weltbekannten kommunistischen Schriftsteller Ludwig Renn, der als Offizier der Internationalen Brigaden am Freiheitskampf des spanischen Volkes teilgenommen hatte. Da sah ich das greise Haupt unserer Anna Seghers, sah neben ihr den ehemaligen Elektriker Hermann Kant, der heute als Präsident des Schriftstellerverbandes die Nachfolge der großen Erzählerin angetreten hat. Willi Sitte erläuterte mir seine Bilder, die der herrschenden Arbeiterklasse der DDR gewidmet sind, und die unverwechselbaren, kämpferischen Plastiken von Fritz Cremer. Konrad Wolf, Präsident der Akademie der Künste, Michael Tschesno-Hell oder die Thorndikes zeigten ihre Filme. Es ist für mich immer wieder ein Genuß, Peter Schreier oder Theo Adam singen zu hören, deren Stimmen die Menschen in den Opernhäusern und Konzertsälen vieler Länder begeistern.

Als große Errungenschaft unserer sozialistischen Kultur sehe ich es an, daß diese Kette nicht abreißt, sondern jüngere Schriftsteller und Künstler mit gelungenen Büchern, Bildern, Filmen, Theateraufführungen und Konzerten, Sinfonien und Liedern das Werk der älteren Generation fortsetzen.

OBEN
Erich Honecker neben den Schauspielern Ernst Legal und Harry Hindemith (v.r.) auf dem Ersten Kulturtag der SED in der Deutschen Staatsoper in Berlin, 5. bis 7. Mai 1948

MITTE
Erich Honecker im Gespräch mit dem chilenischen Dichter Pablo Neruda und dessen Frau (rechts) während der 2. Tagung des Internationalen Festkomitees für die III. Weltfestspiele 1951 in Berlin

UNTEN
Während der Konstituierenden Sitzung des Komitees zur Vorbereitung der IV. Weltfestspiele im Hause des Zentralrats der FDJ; im Präsidium neben Erich Honecker (am Rednerpult) Johannes R. Becher, Kuba und Stephan Hermlin (v.r.), 23. März 1953

LINKE SEITE
Wilhelm Pieck wird auf einer Kulturkonferenz der FDJ 1949 von Erich Honecker begrüßt

OBEN
Erich Honecker zeichnet Kulturgruppen und Ensembles anläßlich der Vorbereitung der Weltfestspiele 1953 aus

MITTE
Erich Honecker und der Schriftsteller Kuba (rechts) in der Kunstausstellung zur Vorbereitung der Weltfestspiele 1953

UNTEN
Zu den Ehrengästen der feierlichen Eröffnung des Otto-Nagel-Hauses in Berlin am 12. Juli 1973 gehören Erich Honecker und die Witwe des Malers, Walentina Nagel

OBEN
Nach einer Auszeichnungsveranstaltung anläßlich des Nationalfeiertags der DDR spricht Erich Honecker mit der Sängerin Lin Jaldati und Professor Dr. Eberhard Rebling, 6. Oktober 1976

MITTE
Erich Honecker empfängt eine Delegation des Friedensrats der DDR. Dabei kommt es zu einer Begegnung mit Dieter Mann, Intendant des Deutschen Theaters, 3. September 1984

UNTEN
Bei der festlichen Wiedereröffnung der Dresdner Semperoper wird Erich Honecker herzlich von Professor Gret Palucca (links), Mitglied des «Kuratoriums der Staatsoper Dresden», und von Professor Theo Adam, Präsident des Gremiums, begrüßt, 13. Februar 1985

LINKE SEITE
OBEN
Wolfgang Heinz, Präsident des Verbandes der Theaterschaffenden der DDR, übergibt Erich Honecker während einer Manifestation der Künstler und Kulturschaffenden zum 25. Jahrestag der DDR eine Grußadresse an das Zentralkomitee der SED, 25. September 1974

DANEBEN
Konrad Wolf, Präsident der Akademie der Künste, überreicht Erich Honecker bei der feierlichen Übergabe des rekonstruierten ehemaligen Hauses der Volkskammer an die Akademie der Künste eine Grafik, 17. Februar 1977

MITTE
Bei der feierlichen Einweihung des Gewandhauses in Leipzig mit Generalmusikdirektor Professor Kurt Masur, 8. Oktober 1981

Treffen Erich Honeckers mit Repräsentanten des Kulturbundes und des Kunst- und Kulturschaffens der DDR am 20. September 1984

LINKE SEITE
UNTEN
Bei der Eröffnung des Schauspielhauses in Berlin wird Erich Honecker von Theo Adam, Annerose Schmidt und Peter Schreier herzlich begrüßt, 1. Oktober 1984

DANEBEN
Herzliche Begrüßung Erich Honeckers am Eröffnungstag des IX. Schriftstellerkongresses der DDR durch Hermann Kant, Präsident des Schriftstellerverbandes, 31. Mai 1983

FOLGENDES SEITENPAAR
Gespräch zwischen Erich Honecker und der Schriftstellerin Anna Seghers am 17. September 1976

OBEN
Erich Honecker, Landesbischof Werner Leich und weitere Persönlichkeiten beim Rundgang durch die wiedereröffnete Wartburg

UNTEN
Erich Honecker, Vorsitzender des Martin-Luther-Komitees der DDR, gibt ein Essen im Wartburg-Hotel, 21. April 1983

LINKE SEITE
Die Wartburg bei Eisenach

OBEN
Erich Honecker und weitere Mitglieder der Parteiführung beim Rundgang durch die IX. Kunstausstellung der DDR vor dem Gemälde Professor Werner Tübkes (Mitte) zur frühbürgerlichen Revolution in Deutschland, 2. Oktober 1982

UNTEN
Mitglieder der Partei- und Staatsführung besichtigen am 2. Oktober 1982 gemeinsam mit Künstlern die IX. Kunstausstellung der DDR in Dresden

LINKE SEITE
OBEN
Bei der festlichen Einweihung des Brecht-Hauses in der Berliner Chausseestraße am Vorabend des 80. Geburtstags des Dichters, Februar 1978

UNTEN
Ehrung am Grab des antifaschistischen Schriftstellers und Journalisten Kurt Tucholsky 1986 auf dem Friedhof Marienfred (Schweden)

OBEN
Wiedereröffnung der Deutschen Staatsoper in Berlin nach der Rekonstruktion, 1986

MITTE
Festakt des Ministerrats der DDR zur Übergabe des neuen Gewandhauses in Leipzig, 1981

UNTEN
Das Deutsche Theater in Berlin zur Wiedereröffnung nach zweijährigen Rekonstruktionsarbeiten, 1983

Erich Honecker
und weitere Mitglieder
der Partei- und Staatsführung
als Ehrengäste
bei der Wiedereröffnung
der Deutschen Staatsoper
in Berlin

OBEN
Festkonzert
im Schauspielhaus, 1984

UNTEN
Das im zweiten Weltkrieg
ausgebombte und ausgebrannte
Schauspielhaus
auf dem Gendarmenmarkt
(heute Platz der Akademie)
in Berlin

RECHTE SEITE
Das in alter Schönheit
wiedererstandene
Schauspielhaus

OBEN
Dresdens weltberühmte Semperoper wird im Februar 1985 wiedereröffnet

UNTEN
Das im zweiten Weltkrieg zerstörte Foyer der Dresdner Semperoper

RECHTE SEITE
Begrüßung der Mitglieder der Partei- und Staatsführung zur Eröffnung der Semperoper durch den Intendanten

Erich Honecker wird
von Mitgliedern des Ensembles
des Friedrichstadtpalastes
zur Eröffnung
des traditionsreichen
Weltstadtvarietés begrüßt,
27. April 1984

RECHTE SEITE
Der neue Friedrichstadtpalast
in der Berliner
Friedrichstraße

START
Meile + 5 km
ZIEL

Der Sport
gehört heute zum Alltag
unseres gesellschaftlichen
Lebens.
In unserem Lande ist
zur allgemeinen
Erkenntnis geworden,
daß Sport treiben
die Gesundheit stärkt,
das Leistungsvermögen
hebt und Freude und
Erholung bringt.

Meine Beziehungen zum Sport beschränken sich nicht auf die Freude über die Erfolge unserer Athleten und auf das Versenden von Glückwünschen. Wie schon erwähnt, lag meine erste Begegnung mit dem Sport in frühen Jahren. Im Kommunistischen Jugendverband in Wiebelskirchen gehörte es zu den Selbstverständlichkeiten, Mitglied des Arbeiterturn- und Sportvereins «Fichte» zu sein. Dort wurde geturnt und im Kreis der Freunde auch über die politischen Fragen des Tages diskutiert. So hielten wir es auch im Touristenverein der Naturfreunde, wenn wir auf Wanderungen unsere schöne Heimat durchstreiften. Der deutsche Arbeitersport war immer eng mit den Kämpfen des Proletariats verbunden. Mancher junge Mensch hat über den Arbeitersport zu unserer revolutionären Bewegung gefunden.

Ich lernte damals nicht nur turnen, sondern – was wohl viel wichtiger war – den Wert körperlicher Betätigung für die eigene Gesundheit schätzen. Zu Rekorden und Medaillen hat es nicht gereicht, danach stand mir auch nicht so sehr der Sinn. Aber manches von dem, was wir damals übten, beherrsche ich noch heute.

Erich Honecker
erfüllt Bedingungen
des Sportleistungsabzeichens,
1951

OBEN
Juan Antonio Samaranch, Präsident des IOC (links), zeichnet Erich Honecker zur Eröffnung der 90. IOC-Session für seinen Anteil an der Entwicklung des Weltsports und der Treue zu den olympischen Idealen mit dem Olympischen Orden in Gold aus, Juni 1985

MITTE
Während des Empfangs anläßlich der Eröffnung der 90. IOC-Session in Berlin führt Erich Honecker ein Gespräch mit Dr. Berthold Beitz aus der BRD, Vizepräsident des IOC

UNTEN
Erich Honecker bei der Eröffnung des neuen Sport- und Erholungszentrums in Berlin am 20. März 1981

RECHTE SEITE
Erich Honecker, Schirmherr des VI. Turn- und Sportfestes und der VI. Kinder- und Jugendspartakiade, beim Internationalen Schauturnen, 30. Juli 1977

Rüdiger Helm
Gustav-Adolf Schur
Wolfgang Behrendt

Jens Weißflog
Marita Koch
Wolfgang Nordwig
Katarina Witt

Heike Drechsler
Karin Janz
Ulrich Wehling

Kornelia Ender
Waldemar Cierpinski
Roland Matthes

OBEN
Rudervierer aus Dresden

MITTE
Empfang
erfolgreicher Sportler
im Staatsrat der DDR,
1986

DANEBEN
Handballnationalmannschaft

UNTEN
Karin Enke
Andrea Schöne
Gabi Schönbrunn

Das Recht auf Frieden,
das Recht auf Leben
ist für unseren
sozialistischen Staat
das höchste aller
Menschenrechte.
In seiner tagtäglichen
Verwirklichung besteht
das oberste Ziel unseres
Tun und Handelns.

Im Amtssitz des Staatsrats der DDR

RECHTE SEITE

OBEN

Erich Honecker während seiner Rede auf der 1. (konstituierenden) Sitzung der Volkskammer der DDR am 16. Juni 1986

UNTEN

Am 16. Juni 1986 tritt der von der Volkskammer der DDR neugewählte Staatsrat unter Leitung von Erich Honecker zu seiner ersten Sitzung zusammen

VORHERGEHENDES SEITENPAAR

Bei seinem Besuch im Neubaugebiet «Fritz Heckert» in Karl-Marx-Stadt wird Erich Honecker herzlich begrüßt, 4. Juni 1986

VON OBEN NACH UNTEN
Erich Honecker empfängt den Vorstand der Konferenz der Evangelischen Kirchenleitungen in der DDR, unter Leitung seines Vorsitzenden Bischof D. Dr. Albrecht Schönherr, 6. März 1978

Erich Honecker im Gespräch mit Bischof Gerhard Schaffran, Vorsitzender der Berliner Bischofskonferenz, und dem Prälaten Paul Dissmond, 15. Januar 1981

Anläßlich der Martin-Luther-Ehrung 1983 überreicht Erich Honecker auf einem Empfang im Staatsrat an Dr. Philip Potter, Generalsekretär des ökumenischen Rates der Kirchen (2. v. l.), eine Urkunde für eine Martin-Luther-Büste, die dem Gast übergeben wurde; rechts Bischof Leich, 9. November 1983

Erich Honecker empfängt Landesbischof Dr. Johannes Hempel (rechts) zu einem Gespräch, 11. Februar 1985

Berlin, Palais Unter den Linden am 2. Oktober 1984:
Erich Honecker und weitere Mitglieder der Partei- und Staatsführung
treffen sich anläßlich des 35. Jahrestags der Gründung der DDR
mit verdienstvollen Genossen und Freunden,
die aktiv an der Gründung und am Aufbau der DDR
beteiligt waren

OBEN
Zusammenkunft des Zentralen Demokratischen Blocks der Parteien und Massenorganisationen unter dem Vorsitz von Erich Honecker, 13. Juni 1986

UNTEN
Der Vorsitzende des FDGB-Bundesvorstands, Harry Tisch, dankt Erich Honecker für seine Rede auf dem 11. FDGB-Kongreß, 23. April 1987

LINKE SEITE

OBEN
Im Wahllokal in Berlin-Niederschönhausen bei der Stimmabgabe für die Kandidaten der Nationalen Front, 20. Mai 1979

DANEBEN
Im Gespräch mit Schülern der Nikolaus-Kopernikus-Oberschule in Karl-Marx-Stadt, 4. Juni 1986

UNTEN
Empfang des Zentralkomitees der SED anläßlich des Internationalen Frauentags am 8. März 1984

DANEBEN
Während der Begegnung mit Wählern seines Wahlkreises führt Erich Honecker auch herzliche Gespräche im rekonstruierten Wohngebiet Brühl in Karl-Marx-Stadt, 9. Juni 1981

OBEN
Bei der Übergabe der wiederaufgebauten Nikolaikirche, dem ältesten Bauwerk Berlins, 14. Mai 1987

UNTEN
Das Ephraim-Palais wird nach dem Wiederaufbau der Öffentlichkeit übergeben. Erich Honecker besucht die Ausstellung, 19. Mai 1987

RECHTE SEITE
Blick von der Leipziger Straße auf den Alexanderplatz

Den Frieden lieben,
für den Frieden arbeiten,
den Frieden verteidigen –
das ist das Bestimmende
im Denken und Handeln
des Volkes der DDR
und seiner Soldaten.

Der Vorsitzende der FDJ
wird von jungen Genossen
der Kasernierten Volkspolizei
im Festivallager 1951
freundschaftlich empfangen

RECHTE SEITE

OBEN

Otto Grotewohl (2. v. l.), Erich Honecker
und Heinz Hoffmann (1. v. r.)
beim Truppenbesuch
in der Nationalen Volksarmee
im Oktober 1960

MITTE

Besuch der Partei- und Staatsführung
in einer Garnison der Gruppe der
sowjetischen Streitkräfte in Deutschland,
5. Mai 1975

UNTEN

Im Gespräch mit Soldaten
des Fla-Raketen-Regiments
«Hermann Duncker» der NVA,
11. September 1975

OBEN
Während des Truppenbesuchs bei den Landstreitkräften der NVA auf einem Truppenübungsplatz, 21. Juni 1984

UNTEN
Herzliche Begegnung Erich Honeckers mit Soldaten während des Besuchs der Landstreitkräfte der NVA auf Truppenübungsplätzen

LINKE SEITE
Panzer der NVA im Manövergelände

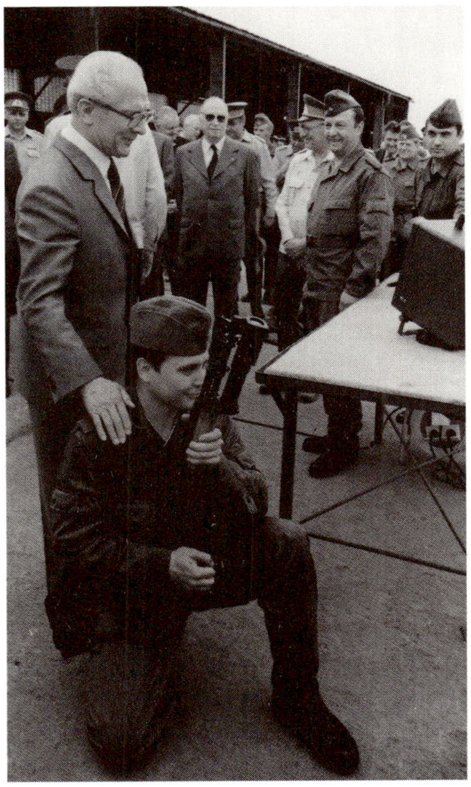

Kampfappell zum 25. Jahrestag
der Sicherung der Staatsgrenze der DDR
in der Berliner Karl-Marx-Allee,
13. August 1986

Die Einheit der Jugend
und der Grundsatz
unserer Jugendpolitik,
der jungen Generation
Vertrauen entgegen-
zubringen und ihr hohe
Verantwortung
zu übertragen,
sind das Unterpfand
des erfolgreichen
Voranschreitens der
Freien Deutschen Jugend
beim Aufbau eines
neuen Lebens in unserer
Deutschen Demokratischen
Republik.

Die Idee, bei Weltjugendfestspielen Gleichgesinnte zusammenzuführen, ihnen die Kraft ihrer Friedensbewegung auf einmalige Art und Weise erlebbar zu machen, ihnen Mut und Ansporn für das weitere Ringen im Kampf gegen Imperialismus und Krieg zu geben, ist wohl das Verbindende aller bisherigen Weltjugendfestivals. Neu war bei den X. Weltfestspielen die junge Generation selbst. Die Söhne und Töchter der Gründer der demokratischen Weltjugendbewegung trugen die Stafette weiter. Unter den Bedingungen des erstarkten Sozialismus auf der Welt, des Vormarsches der nationalen Befreiungsbewegungen und der machtvollen Volksbewegungen in den kapitalistischen Ländern war sie noch gewichtiger geworden. Als Präsident des Nationalen Festivalkomitees der DDR hatte ich unmittelbaren Anteil an der Gestaltung dieses Treffens. Oft gingen meine Gedanken an die III. Weltfestspiele 1951 zurück. Wie hatte sich unsere Heimat seitdem verändert und wie die ganze Welt!

OBEN
Erich Honecker zu Besuch im Nationalen Festivalklub der UdSSR im Zentralen Haus der DSF im Kastanienwäldchen, 3. August 1973

MITTE
Angela Davis, Vertreterin des fortschrittlichen Amerika, Kommunistin und Bürgerrechtskämpferin, ist herzlich begrüßter Gast zu den X. Weltfestspielen, 1973

UNTEN
Erich Honecker beglückwünscht die jungen Brautpaare, die im Nationalen Klub der DDR gemeinsam eine Festivalhochzeit feiern, 3. August 1973

LINKE SEITE
Solidaritätskundgebung der Teilnehmer an den X. Weltfestspielen, 1973

FOLGENDES SEITENPAAR
Mit einem Fackelzug an historischer Stätte in Berlin, Unter den Linden, bekundet die Jugend der DDR am Vorabend des Nationalfeiertags ihre Treue zur Partei der Arbeiterklasse und zum sozialistischen Vaterland, 6. Oktober 1984

«Drushba-Trasse» – «Freundschaftstrasse».
Das ist heute für jeden in unserem Lande ein fester Begriff. Was ihr geschaffen habt, entstand in enger Zusammenarbeit mit den Angehörigen des ruhmreichen Leninschen Komsomol. Es ist Bestandteil eines internationalistischen Gemeinschaftswerkes der Sowjetunion, der Deutschen Demokratischen Republik und der anderen Bruderländer, das dazu dient, die Kraft des Sozialismus weiter zu erhöhen.

Beim Bau der Erdgastrasse

LINKE SEITE
Auszeichnung verdienstvoller Kollektive, die am Zentralen FDJ-Jugendobjekt Erdgastrasse arbeiten, 4. November 1983

Erich Honecker
hält die Eröffnungsansprache
beim internationalen Friedensseminar
der Jugend
in der Berliner Kongreßhalle,
an dem Abgesandte
aus über 100 Ländern
teilnehmen,
23. März 1987

LINKE SEITE
Feierlicher Appell der FDJ
auf dem Marx-Engels-Platz
zur Eröffnung des Nationalen
Jugendfestivals der DDR
am 8. Juni 1984

OBEN
Herzlicher Empfang für Erich Honecker an der Jugendhochschule der FDJ am Bogensee, die anläßlich des 30. Jahrestags der Verleihung des Namens «Wilhelm Pieck» mit dem Karl-Marx-Orden ausgezeichnet wird, 15. September 1980

MITTE
Repräsentanten der Partei- und Staatsführung bei der Premiere der Fernsehdokumentation «Unser Zeichen ist die Sonne», 7. März 1984

UNTEN
Auf einer Festveranstaltung zum 40. Jahrestag der Gründung der FDJ im Friedrichstadtpalast am 7. März 1986 wird dem sozialistischen Jugendverband der Karl-Marx-Orden verliehen

LINKE SEITE
OBEN
Empfang für ehemalige Jugendfunktionäre der sozialistischen und kommunistischen Jugendbewegung im Palais Unter den Linden, 25. Mai 1979

UNTEN
Erich Honecker im freundschaftlichen Gespräch mit den Mitgliedern des Sekretariats des Zentralrats der FDJ, 30. September 1985

LINKE SEITE
Auf einem festlichen Empfang
für die X. Generalversammlung des WBDJ
am 1. März 1978 im Palast der Republik
eröffnet Erich Honecker
den Ball der Weltjugend

Beim freundschaftlichen Treffen
von Mitgliedern der Partei- und Staatsführung,
Mitgliedern des Zentralrats der FDJ
und ehemaligen FDJ-Funktionären,
März 1986

Ihr habt euch
das rote Halstuch selbst
erarbeitet.
Darauf könnt ihr
stolz sein.
Wir erwarten von euch,
daß ihr euch überall
und immer für unsere
gute sozialistische
Sache einsetzt,
daß ihr disziplinierte,
arbeitsame, hilfsbereite
und aufrichtige Menschen
seid.

OBEN
Erich Honecker, Wilhelm Pieck
und Rosa Thälmann
auf dem I. Pioniertreffen in Dresden,
24. August 1952

MITTE
Hermann Matern
verleiht am 23. August 1952
der Pionierorganisation den Namen
«Ernst Thälmann»;
links Margot Feist,
rechts Rosa Thälmann,
2. v. r.: Erich Honecker

UNTEN
Eine Delegation der Pionierorganisation
«Ernst Thälmann» begrüßt den
IV. Parteitag der SED,
6. April 1954

RECHTE SEITE
OBEN
Erich Honecker
bei einem Besuch im Zentralhaus
der Jungen Pioniere
in Berlin-Lichtenberg,
15. Februar 1955

UNTEN
Auf der Festveranstaltung
anläßlich des 5. Jahrestags der Gründung
der Pionierorganisation «Ernst Thälmann»
zeichnet Erich Honecker Pioniere aus,
13. Dezember 1953

FDJ

Liebevoll und herzlich
sind die Begegnungen beim
Besuch in der Pionierrepublik
«Wilhelm Pieck»
am Werbellinsee,
wo sich Kinder aus 30 Ländern
aller Kontinente erholen,
23. August 1974

Mit Jungen Pionieren
im Kosmonautenzentrum des Pionierpalastes

RECHTE SEITE
OBEN
Bei der Besichtigung des Pionierpalastes

DANEBEN
Eröffnung des neuerbauten Pionierpalastes
«Ernst Thälmann» in der Berliner Wuhlheide
am 3. Oktober 1979

UNTEN
Während des Rundgangs beim VII. Pioniertreffen
in Dresden, August 1982

DANEBEN
Beim großen Kinderfest während der X. Weltfestspiele,
1. August 1973

BROT statt tot

Auch weiterhin
werden wir unseren
Beitrag zur Lösung
der internationalen
Probleme leisten,
indem wir unsere Politik
zur Schaffung einer
weltweiten Koalition
der Vernunft und des
Realismus, der Führung
des politischen Dialogs
mit allen am Frieden
interessierten Kräften
fortsetzen.

KONFERENZ ÜBER SICHERHEIT UND ZUSAMMENARBEIT IN EUROPA
SCHLUSSAKTE

HELSINKI 1975

Die Konferenz über Sicherheit und Zusammenarbeit in Europa, die am 3. Juli 1973 in Helsinki eröffnet und vom 18. September 1973 bis zum 21. Juli 1975 in Genf fortgesetzt wurde, fand ihren Abschluss in Helsinki am 1. August 1975 durch die Hohen Vertreter Belgiens, Bulgariens, Dänemarks, der Deutschen Demokratischen Republik, der Bundesrepublik Deutschland, Finnlands, Frankreichs, Griechenlands, des Heiligen Stuhls, Irlands, Islands, Italiens, Jugoslawiens, Kanadas, Liechtensteins, Luxemburgs, Maltas, Monacos, der Niederlande, Norwegens, Österreichs, Polens, Portugals, Rumäniens, San Marinos, Schwedens, der Schweiz, Spaniens, der Tschechoslowakei, der Türkei, Ungarns, der Union der Sozialistischen Sowjetrepubliken, des Vereinigten Königreichs, der Vereinigten Staaten von Amerika, Zyperns.

Während der Eröffnungs- und der Schlussphase der Konferenz richtete der Generalsekretär der Vereinten Nationen als Ehrengast das Wort an die Teilnehmer. Der Generaldirektor der UNESCO und der Exekutivsekretär der Wirtschaftskommission der Vereinten Nationen für Europa leisteten während der zweiten Phase der Konferenz Beiträge.

Im Verlauf der Beratungen der zweiten Phase erfolgten auch Beiträge zu einzelnen Punkten der Tagesordnung durch die Vertreter der folgenden nichtteilnehmenden Mittelmeerstaaten: Demokratische Volksrepublik Algerien, Arabische Republik Ägypten, Israel, Königreich Marokko, Arabische Republik Syrien, Tunesische Republik.

Von dem politischen Willen getragen, im Interesse der Völker ihre Beziehungen zu verbessern und zu verstärken, in Europa zum Frieden, zur Sicherheit, zur Gerechtigkeit und zur Zusammenarbeit sowie zur Annäherung zwischen ihnen und zu den anderen Staaten der Welt beizutragen,

Demzufolge entschlossen, den Ergebnissen der Konferenz volle Wirksamkeit zu verleihen und die Vorteile, die aus diesen Ergebnissen hervorgehen, zwischen ihren Staaten und in ganz Europa zu gewährleisten und dadurch den Prozess der Entspannung zu erweitern, zu vertiefen und ihn fortschreitend und dauerhaft zu machen,

Haben die Hohen Vertreter der Teilnehmerstaaten feierlich folgendes angenommen:

DER DEUTSCHEN DEMOKRATISCHEN REPUBLIK:
THE GERMAN DEMOCRATIC REPUBLIC:
LA REPÚBLICA DEMOCRÁTICA ALEMANA:
DE LA RÉPUBLIQUE DÉMOCRATIQUE ALLEMANDE:
DELLA REPUBBLICA DEMOCRATICA TEDESCA:
ГЕРМАНСКОЙ ДЕМОКРАТИЧЕСКОЙ РЕСПУБЛИКИ:

Erich HONECKER

Erster Sekretär des Zentralkomitees der Sozialistischen Einheitspartei Deutschlands
First Secretary of the Central Committee of the Socialist Unity Party of Germany
Primer Secretario del Comité Central del Partido Socialista Unificado de Alemania
Premier Secrétaire du Comité Central du Parti Socialiste Unifié d'Allemagne
Primo Segretario del Comitato Centrale del Partito di Unità Socialista di Germania
Первый Секретарь Центрального Комитета Социалистической единой партии Германии

Für mich persönlich bedeutete die Konferenz von Helsinki, die ich als die erste echte Friedenskonferenz Europas überhaupt betrachte, vor allem die Erfüllung einer Verpflichtung, die der VIII. Parteitag der SED 1971 vor dem Volke der DDR übernommen hatte. Im Auftrage des Zentralkomitees hatte ich erklärt, «daß wir allen Vorschlägen und Ideen, die das friedliche Zusammenleben der europäischen Völker und Staaten fördern, aufgeschlossen gegenüberstehen ... An konstruktiver Haltung und gutem Willen wird es unsererseits niemals fehlen ... Die Deutsche Demokratische Republik tritt für die baldmögliche Einberufung einer europäischen Sicherheitskonferenz ein und ist bereit, als gleichberechtigter Teilnehmer auf ihren Erfolg hinzuwirken.» In einer Frist von vier Jahren – noch in der Phase der Vorbereitung unseres IX. Parteitages – wurde diese Aufgabe erfolgreich bewältigt.

Helsinki war für mich ein wichtiges Forum der Begegnung und des Meinungsaustausches mit unseren engsten Verbündeten ebenso wie mit Repräsentanten der kapitalistischen Welt. Es begann eine neue Etappe in der Gestaltung zwei- und mehrseitiger Zusammenarbeit zwischen der DDR und der Mehrzahl der in Helsinki vertretenen kapitalistischen Staaten.

OBEN
Erich Honecker bei der Unterzeichnung des Hauptdokuments; daneben (v.l.) die Repräsentanten der BRD, Helmut Schmidt, der USA, Gerald Ford, und der Republik Österreich, Bruno Kreisky

MITTE
Erich Honecker während seiner Ansprache vor den Teilnehmern der KSZE-Konferenz, 30. Juli 1975

UNTEN
Während des Essens am Abend des ersten Konferenztags (v.l.): Gerald Ford, Erich Honecker, Helmut Schmidt, Kurt Waldheim, Urho Kekkonen

LINKE SEITE
Blick in den Saal der Konferenz von Helsinki 1975 und Schlußakte der Konferenz

Brief der Gruppe «Kinder für den Frieden» von der Moorestown Friends School an Erich Honecker

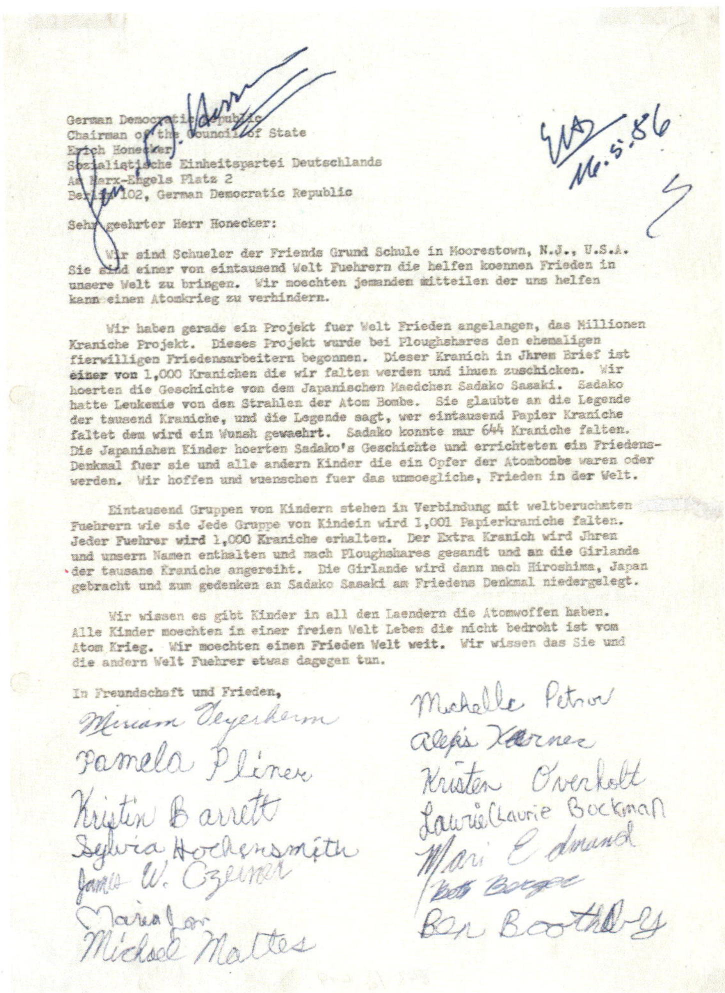

German Democratic Republic
Chairman of the Council of State
Erich Honecker
Sozialistische Einheitspartei Deutschlands
Am Marx-Engels Platz 2
Berlin 102, German Democratic Republic

Sehr geehrter Herr Honecker:

Wir sind Schueler der Friends Grund Schule in Moorestown, N.J., U.S.A. Sie sind einer von eintausend Welt Fuehrern die helfen koennen Frieden in unsere Welt zu bringen. Wir moechten jemandem mitteilen der uns helfen kann einen Atomkrieg zu verhindern.

Wir haben gerade ein Projekt fuer Welt Frieden angelangen, das Millionen Kraniche Projekt. Dieses Projekt wurde bei Ploughshares den ehemaligen fierwilligen Friedensarbeitern begonnen. Dieser Kranich in Jhrem Brief ist einer von 1,000 Kranichen die wir falten werden und ihuen zuschicken. Wir hoerten die Geschichte von dem Japanischen Maedchen Sadako Sasaki. Sadako hatte Leukemie von den Strahlen der Atom Bombe. Sie glaubte an die Legende der tausend Kraniche, und die Legende sagt, wer eintausend Papier Kraniche faltet dem wird ein Wunsh gewaehrt. Sadako konnte nur 644 Kraniche falten. Die Japanishen Kinder hoerten Sadako's Geschichte und errichteten ein Friedens-Denkmal fuer sie und alle andern Kinder die ein Opfer der Atombombe waren oder werden. Wir hoffen und wuenschen fuer das unmoegliche, Frieden in der Welt.

Eintausend Gruppen von Kindern stehen in Verbindung mit weltberuchmten Fuehrern wie sie Jede Gruppe von Kindein wird 1,001 Papierkraniche falten. Jeder Fuehrer wird 1,000 Kraniche erhalten. Der Extra Kranich wird Jhren und unsern Namen enthalten und nach Ploughshares gesandt und an die Girlande der tausane Kraniche angereiht. Die Girlande wird dann nach Hiroshima, Japan gebracht und zum gedenken an Sadako Sasaki am Friedens Denkmal niedergelegt.

Wir wissen es gibt Kinder in all den Laendern die Atomwoffen haben. Alle Kinder moechten in einer freien Welt Leben die nicht bedroht ist vom Atom Krieg. Wir moechten einen Frieden Welt weit. Wir wissen das Sie und die andern Welt Fuehrer etwas dagegen tun.

In Freundschaft und Frieden,

Pamela Pliner
Kristin Barrett
Sylvia Hockensmith
Michael Mattes
Michelle Petrov
Kristen Overholt
Laurie Bockman
Ben Boothby

ZENTRALKOMITEE DER SOZIALISTISCHEN EINHEITSPARTEI DEUTSCHLANDS
DER GENERALSEKRETÄR

STAATSRAT DER DEUTSCHEN DEMOKRATISCHEN REPUBLIK
DER VORSITZENDE

Kinds for Peace
Moorestown
Friends School
Moorestown, New Jersey, 08057

U S A

Liebe Mädchen und Jungen!

Mit großer Freude habe ich Eure wunderschöne Kranich-Kette erhalten. Ich gratuliere Euch, daß Ihr Eure Idee so schnell und mit soviel Fingerfertigkeit verwirklichen konntet.

Gern habe ich Euren Wunsch erfüllt und die Kraniche, die an das Schicksal des japanischen Mädchens Sadako Sasaki erinnern und uns alle auf so bewegende Weise zum Frieden mahnen, an einen Ort meiner Wahl geschickt. Sie sind jetzt in einem Kinderferienlager am Werbellinsee in der Nähe von Berlin. Jedes Jahr im Sommer treffen sich dort auf Einladung unserer Kinderorganisation "Ernst Thälmann" Mädchen und Jungen aus vielen Ländern der Erde zu einem Ferienaufenthalt. In diesem Jahr sind 1200 Kinder aus 52 Ländern der Erde zu Gast.

Bei der Eröffnung des Sommerlagers waren die Kinder durch die Girlande Eurer Friedenskraniche als Symbol der Sehnsucht aller Kinder nach Frieden, als Ausdruck ihres gemeinsamen Strebens nach einer Welt ohne Krieg, nach einem Leben in Freundschaft miteinander verbunden. Dabei wurde allen Lagerteilnehmern und über das Fernsehen, den Rundfunk und die Zeitungen unseres Landes allen Menschen der Deutschen Demokratischen Republik von Eurer Aktion berichtet. Ich lege Euch einige Fotos und Zeitungen bei, die Euch einen kleinen Eindruck davon geben, wie Eure Kraniche den Weg zu den Herzen der Kinder und Erwachsenen unseres Landes gefunden haben.

Auf einem eindrucksvollen Meeting in der Moorestown Friends School (USA-Bundesstaat New Jersey) wird am 17. September 1986 der Antwortbrief Erich Honeckers an die Vereinigung «Kinder für den Frieden» verlesen. Schuldirektor Gardiner Bridge würdigt auf der Friedenskundgebung die entschlossene Friedenspolitik der DDR und den persönlichen Beitrag Erich Honeckers zur internationalen Entspannung

Liebe Friedenskinder aus Moorestown!

Eure Wünsche und Hoffnungen sind die gleichen, die die Kinder der Deutschen Demokratischen Republik und wir alle haben. Für uns gibt es nichts Wichtigeres, als alles zu tun, um den Frieden zu sichern und die Völker vor einem nuklearen Inferno zu bewahren. Das ist in unserer Zeit die erste Pflicht jedes verantwortungsbewußten Politikers.

Ohne Frieden kann es kein Glück der Kinder geben. Ihn für alle Zeiten zu erhalten, bleibt das oberste Gebot unseres Handelns. Auch Eure Aktion der Friedenskraniche bestärkt uns darin.

Ich wünsche Euch alles Gute und uns gemeinsam Erfolg im Ringen um eine friedliche Zukunft.

E. Honecker

Berlin, 29. Juli 1986

Antwortschreiben des Generalsekretärs des Zentralkomitees der SED und Vorsitzenden des Staatsrats der DDR

OBEN
Romesh Chandra, Generalsekretär des Weltfriedensrats, zeichnet Erich Honecker mit der Joliot-Curie-Medaille, der höchsten Auszeichnung des Weltfriedensrats, aus, 22. Oktober 1973

MITTE
Erich Honecker unterzeichnet am 17. September 1976 den neuen Stockholmer Abrüstungsappell

UNTEN
Am Weltfriedenstag 1986 empfängt Erich Honecker im Amtssitz des Staatsrats eine Delegation der Friedensbewegung der DDR zur Übergabe eines Friedensrapports im internationalen Jahr des Friedens

RECHTE SEITE
Mitglieder der Partei- und Staatsführung an der Spitze einer machtvollen Friedensdemonstration beim Potsdamer Pfingsttreffen von mehr als 250000 Jugendlichen, 22. Mai 1983

VR Angola

Im Kampf
um den Frieden sind
die Klasseninteressen
des Sozialismus
untrennbar mit den
ureigensten Interessen
der gesamten Menschheit
verbunden.

Bei einem Besuch im Hüttenwerk Magnitogorsk am 4. April 1971 wird Erich Honecker auf einem Freundschaftsmeeting mit dem Ehrentitel «Veteran der Arbeit des Magnitogorsker Metallurgischen Kombinats» ausgezeichnet

LINKE SEITE

OBEN
Erich Honecker als Mitglied der Partei- und Regierungsdelegation beim Abschluß des von Walter Ulbricht und Nikita Chruschtschow unterzeichneten Freundschaftsvertrages zwischen der DDR und der UdSSR in Moskau, 12. Juni 1964

MITTE
Teilnahme an den Feierlichkeiten zum 50. Jahrestag der Großen Sozialistischen Oktoberrevolution in Moskau, 7. November 1967

UNTEN
Feierlicher Abschluß des «Vertrages über Freundschaft, Zusammenarbeit und gegenseitigen Beistand zwischen der DDR und der UdSSR» am 7. Oktober 1975 in Moskau. Erich Honecker und Leonid Breshnew nach der Unterzeichnung

Für alle Zeiten ist die DDR in unzerstörbarer Freundschaft mit der Sowjetunion verbunden, ist sie unlösbar verankert in der sozialistischen Gemeinschaft. Darin liegt ein entscheidendes Fundament ihres Gedeihens während der vergangenen dreieinhalb Jahrzehnte und ebenso ihrer weiteren Fortschritte. Zu unserer besonderen Freude können wir feststellen, daß die Freundschaft mit dem Sowjetland unserem Volke, wie einst Wilhelm Pieck sagte, zur Herzenssache geworden ist. In guten wie in schweren Tagen haben sich die brüderliche Kampfgemeinschaft, die tiefe Gemeinsamkeit und allseitige Zusammenarbeit der SED und der KPdSU, der DDR und der UdSSR bewährt – beim Aufbau des Sozialismus, bei seinem Schutz, im Kampf um die Sicherung des Friedens. So wird es auch in Zukunft sein.

OBEN
Während eines Festaktes im Kreml überreicht Juri Andropow Erich Honecker den Leninorden und den Goldenen Stern eines «Helden der Sowjetunion», 3. Mai 1983

UNTEN
Begegnung Erich Honeckers mit Konstantin Tschernenko am 14. Juni 1984 in Moskau

RECHTE SEITE
OBEN
Herzliche Begegnung mit der Delegation der KPdSU in einer Konferenzpause des XI. Parteitags der SED

UNTEN
Freundschaftliches Gespräch zwischen Erich Honecker und Michail Gorbatschow, Generalsekretär des Zentralkomitees der KPdSU, während des XI. Parteitags der SED

OBEN
Gustáv Husák, Generalsekretär des ZK der KPTsch, bei einem Verband der Volksmarine, 21. September 1972

MITTE
Gespräch zwischen Erich Honecker und Josip Broz Tito, Vorsitzender des Bundes der Kommunisten Jugoslawiens und Präsident der SFRJ, 27. Juni 1976

UNTEN
Begrüßung einer Partei- und Staatsdelegation der VR Polen unter Leitung Woiciech Jaruzelskis, Erster Sekretär des ZK der PVAP und Vorsitzender des Ministerrats, 29. März 1982

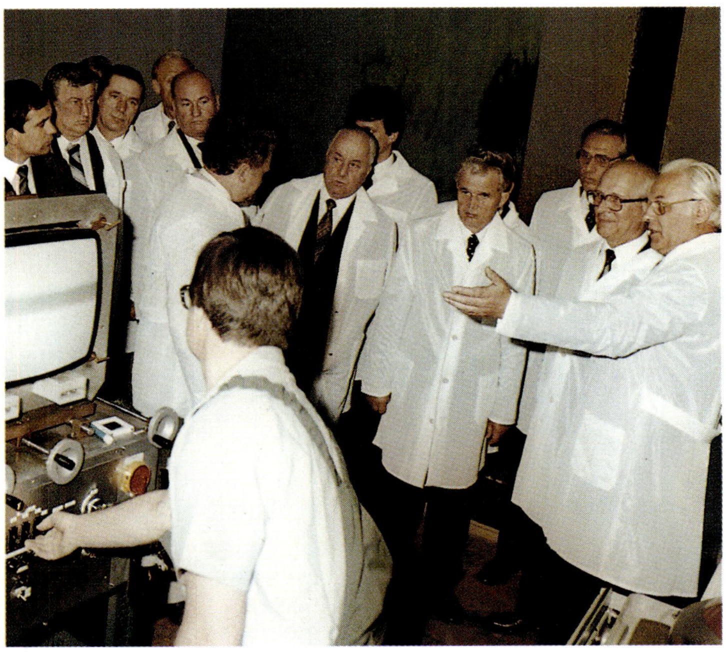

OBEN
János Kádár, Erster Sekretär des ZK der USAP, und Erich Honecker während eines offiziellen Freundschaftsbesuchs in der Ungarischen Volksrepublik, 3. Juni 1982

MITTE
Todor Shiwkow, Generalsekretär des ZK der Bulgarischen Kommunistischen Partei (2. v. r.), während eines DDR-Besuchs, 22. Juni 1983

UNTEN
Nicolae Ceauşescu, Generalsekretär des ZK der Rumänischen Kommunistischen Partei (4. v. r.), bei einem Besuch im VEB Werk für Fernsehelektronik Berlin, 30. Mai 1985

Tu-134A

OBEN
Erich Honecker begrüßt den Generalsekretär des ZK der KP Chinas und Ministerpräsident des Staatsrats der Volksrepublik China, Zhao Ziyang, im Amtssitz des Staatsrats der DDR, 8. Juni 1987

UNTEN
Li Xiannian, Präsident der VR China begrüßt Erich Honecker zu einem offiziellen Freundschaftsbesuch in Peking, 21. Oktober 1986

LINKE SEITE

OBEN
Gespräch mit Fidel Castro, Erster Sekretär des ZK der KP Kubas und Vorsitzender des Staatsrats und des Ministerrats, bei einem Besuch Erich Honeckers in Havanna, 13. September 1981

DANEBEN
Kaysone Phomvihane, Generalsekretär des ZK der Laotischen Revolutionären Volkspartei und Vorsitzender des Ministerrats der VDR Laos, bei der Verabschiedung nach einem Freundschaftsbesuch in der DDR, 23. September 1982

MITTE
Kim Il Sung, Generalsekretär des ZK der Partei der Arbeit Koreas und Präsident der KVDR, vor einer Freundschaftskundgebung im Palast der Republik, 1. Juni 1984

DANEBEN
Shambyn Batmunch, Generalsekretär des ZK der MRVP und Vorsitzender des Präsidiums des Großen Volkshurals der Mongolischen VR, heißt Erich Honecker zu einem offiziellen Freundschaftsbesuch in Ulan-Bator willkommen, 26. Oktober 1986

UNTEN
Begrüßung der Partei- und Staatsdelegation aus der DDR in Vietnam, 5. Dezember 1977

OBEN
Erich Honecker und Samora Machel
(2. v. r.), Präsident der FRELIMO-Partei
und der VR Moçambique, während eines
Freundschaftsbesuchs einer Partei- und
Staatsdelegation der DDR in der
VR Moçambique vom 22. bis
24. Februar 1979

MITTE
Erich Honecker empfängt den Präsidenten
der Republik Sambia, Kenneth David
Kaunda, Präsident der Vereinigten
Nationalen Unabhängigkeitspartei,
zu einem Staatsbesuch in der DDR,
22. August 1980

UNTEN
Erich Honecker an der Seite von
Dr. Agostinho Neto, Präsident der
VR Angola und der MPLA-Partei der Arbeit,
während des Empfangs durch die
Bevölkerung anläßlich eines
offiziellen Freundschaftsbesuchs,
17. Februar 1979

Erich Honecker und Mengistu Haile Mariam, Vorsitzender des Provisorischen Militärischen Verwaltungsrats und des Ministerrats Äthiopiens, bei der Grundsteinlegung für das erste Karl-Marx-Denkmal auf dem afrikanischen Kontinent in Addis Abeba, 13. November 1979

OBEN
Herzliche Begegnung Luis Corvaláns, Generalsekretär der KP Chiles, und Gladys Marins mit Arbeitern im VEB Bergmann-Borsig in Berlin, 31. Januar 1977

UNTEN
Erich Honecker begrüßt die Witwe des 1973 ermordeten chilenischen Präsidenten, Hortensia Bussi de Allende, zu einem freundschaftlichen Gespräch, 11. September 1974

OBEN
Georges Marchais,
Generalsekretär der Französischen Kommunistischen Partei,
wird von Erich Honecker bei einem Besuch in der DDR
herzlich begrüßt,
11. Februar 1974

MITTE
Freundschaftliche Begrüßung Enrico Berlinguers,
Generalsekretär der Italienischen Kommunistischen Partei,
durch Erich Honecker in Berlin,
28. Juni 1976

DANEBEN
Empfang Daniel Ortegas,
Mitglied der Nationalleitung der Sandinistischen Front
der Nationalen Befreiung und Präsident
der Republik Nikaragua, in Berlin,
9. Mai 1985

UNTEN
Kameradschaftlicher Gedankenaustausch mit Alvaro Cuñhal,
Generalsekretär der Portugiesischen Kommunistischen Partei,
12. April 1983

OBEN
Herzliche Begegnung mit Gus Hall, Generalsekretär des ZK der Kommunistischen Partei der USA, 12. April 1983

UNTEN
Freundschaftliches Gespräch mit dem Generalsekretär des ZK der Kommunistischen Partei Griechenlands, Harilaos Florakis, 28. Januar 1987

LINKE SEITE
Im Beisein von Horst Schmitt, Vorsitzender der SEW, Herbert Mies, Vorsitzender der DKP und Michail Gorbatschow, Generalsekretär des ZK der KPdSU (v.l.) spricht Erich Honecker anläßlich der Einweihung des Ernst-Thälmann-Denkmals in Moskau, 3. Oktober 1986

Die Erhaltung
des Friedens
und die Beseitigung
der Kriegsgefahr sind
die wichtigste Aufgabe
der Gegenwart.
Von ihrer Lösung
hängt die Zukunft
der Völker ab,
ihr Sein
oder Nichtsein.

OBEN
Olof Palme,
Ministerpräsident Schwedens
(Mitte),
und Erich Honecker
beim Besuch
des ehemaligen Klosters
St. Johannis in Stralsund,
30. Juni 1984

UNTEN
Begegnung Erich Honeckers
mit König Carl XVI.
Gustav von Schweden
und Königin Silvia
bei seinem Besuch in
Schweden,
26. Juni 1986

LINKE SEITE
Erich Honecker
an der Stätte der Ermordung
von Olof Palme
in Stockholm,
15. März 1986

OBEN
Begrüßung Indira Gandhis,
Ministerpräsident der Republik Indien,
zu einem offiziellen Besuch
in der DDR,
1. Juli 1976

MITTE
Im Gespräch mit Bruno Kreisky,
Bundeskanzler
der Republik Österreich,
31. März 1978

UNTEN
Während seines DDR-Besuchs
führt Dr. Urho Kekkonen,
Präsident der Republik Finnland,
Gespräche in der Sportschule Kienbaum,
7. September 1977

OBEN
Erich Honecker am Grab Mahatma Gandhis während seines Besuchs in Indien, 8. Januar 1979

MITTE
Während seines Aufenthalts in Österreich besucht Erich Honecker auch das Mozart-Haus in Salzburg, 13. November 1980; links neben Erich Honecker: Rudolf Kirchschläger, Bundespräsident der Republik Österreich

UNTEN
Mauno Koivisto, Präsident der Republik Finnland, gibt zu Ehren des Besuchs von Erich Honecker in Finnland ein Essen, 18. Oktober 1984

Anglerglück beim Aufenthalt in Kuba

LINKE SEITE

OBEN

Nach erfolgreicher Jagd
während des Staatsbesuchs in Finnland

UNTEN

Bei der alljährlichen Jagd,
zu der der Vorsitzende des Staatsrats der DDR
das diplomatische Korps einlädt

OBEN
Erich Honecker und Bundeskanzler Helmut Schmidt beim Spaziergang im Park des Gästehauses des Staatsrats am Döllnsee,
12. Dezember 1981

DANEBEN
Während seines Aufenthalts in Leipzig überreicht Oskar Lafontaine Erich Honecker Schriften aus der Zeit des antifaschistischen Kampfes im Saargebiet, 11. März 1984

DARUNTER
Willy Brandt, Vorsitzender der SPD, besichtigt während seines Besuchs in Berlin den Platz der Akademie, 19. September 1985

Meinungsaustausch mit dem Vorsitzenden der SPD-Fraktion des BRD-Bundestags, Dr. Hans-Jochen Vogel,
28. Mai 1986

Im Gespräch mit dem SPD-Politiker Herbert Wehner,
8. November 1986

OBEN
Begrüßung des Regierenden Bürgermeisters von Westberlin, Richard von Weizsäcker, in der Hauptstadt der DDR, 15. September 1983

DANEBEN
Begegnung mit Bundeskanzler Helmut Kohl in Moskau, 12. März 1985

DARUNTER
Gespräch mit Franz Josef Strauß, Ministerpräsident des BRD-Landes Bayern und Vorsitzender der CSU, in Leipzig, 15. März 1987

Erich Honecker empfängt den Vorsitzenden der FDP und Bundesminister für Wirtschaft der BRD, Dr. Martin Bangemann, 12. März 1985

Treffen mit Wolfgang Mischnick, Vorsitzender der FDP-Fraktion im Bundestag der BRD, 10. April 1987 in Berlin

Erich Honecker
empfängt das diplomatische Korps
und nimmt die Gratulation
der in der DDR akkreditierten
Chefs der
diplomatischen Missionen
zu seiner erneuten Wahl
zum Staatsoberhaupt der DDR
entgegen,
20. Juni 1986

Papst Johannes Paul II.
empfängt Erich Honecker zu
einer Audienz im Vatikan
während eines offiziellen Besuchs
in Italien,
24. April 1985

OBEN
Erich Honecker empfängt Wilfried Martens, Premierminister des Königreichs Belgien, zu einem Gespräch, 3. September 1986

MITTE
Empfang von Laurent Fabius, Premierminister der Französischen Republik, zu einem offiziellen DDR-Besuch, 10. Juni 1985

DANEBEN
Bettino Craxi, Vorsitzender des Ministerrats der Italienischen Republik, bei seinem Besuch in der DDR, 10. Juli 1984

UNTEN
Der Ministerpräsident der Griechischen Republik, Andreas Papandreou, wird von Erich Honecker mit dem Orden «Großer Stern der Völkerfreundschaft» ausgezeichnet, 10. Oktober 1985

DANEBEN
Verabschiedung des Präsidenten der Griechischen Republik, Christos Sartzetakis, nach dessen DDR-Besuch, 18. September 1986

Erich Honecker
hält die Eröffnungsansprache
beim internationalen Friedensseminar
der Jugend
in der Berliner Kongreßhalle,
an dem Abgesandte
aus über 100 Ländern
teilnehmen,
23. März 1987

LINKE SEITE
Feierlicher Appell der FDJ
auf dem Marx-Engels-Platz
zur Eröffnung des Nationalen
Jugendfestivals der DDR
am 8. Juni 1984

Beim Bau der Erdgastrasse

LINKE SEITE
Auszeichnung verdienstvoller Kollektive, die am Zentralen FDJ-Jugendobjekt Erdgastrasse arbeiten, 4. November 1983

OBEN
Erich Honecker in Begleitung von Hafez al Assad, Generalsekretär der Arabischen Sozialistischen Baath-Partei und Präsident der Syrischen Arabischen Republik, bei einer Besichtigung der antiken Ruinenstadt von Palmyra, 13. Oktober 1982

UNTEN
Während seines Besuchs in Zypern ehrt Erich Honecker, begleitet von Sypros Kyprianou, Präsident der Republik Zypern, mit einer Kranzniederlegung am Grab von Erzbischof Makarios das Leben und Wirken des ersten Präsidenten der unabhängigen Republik Zypern, 15. Oktober 1982

VORHERGEHENDE SEITE
Erich Honecker besichtigt während seines Staatsbesuchs in Mexiko die historische Ruinenstadt Teotihuacán, 12. September 1981

OBEN
Erich Honecker und weitere DDR-Repräsentanten beim Rundgang durch das Ausstellungszentrum einer Erdölgesellschaft während eines Besuchs in Kuweit, 17. Oktober 1982

MITTE
Freundschaftliches Gespräch mit Robert Mugabe, Ministerpräsident der Republik Simbabwe und Präsident der Afrikanischen Nationalunion von Simbabwe (Patriotische Front), in Berlin, 26. Mai 1983

UNTEN
Begrüßung Erich Honeckers bei einem Besuch in Algerien durch Chadli Bendjedid, Präsident der Demokratischen Volksrepublik Algerien und Generalsekretär der Partei Nationale Befreiungsfront, 17. Dezember 1984

OBEN
Der Kaiser von Japan, Hirohito, begrüßt Erich Honecker zu dessen Staatsbesuch in Japan vor dem Hauptportal der kaiserlichen Residenz, 27. Mai 1981

UNTEN
Verleihung der Ehrendoktorwürde der Nihon-Universität an Erich Honecker, 28. Mai 1981

RECHTE SEITE
Während seines Japanbesuchs enthüllt Erich Honecker im Friedenspark von Nagasaki eine vom Friedensrat der DDR gestiftete «Stele der Völkerfreundschaft», 30. Mai 1981

«Drushba-Trasse» – «Freundschaftstrasse».
Das ist heute für jeden in unserem Lande ein fester Begriff. Was ihr geschaffen habt, entstand in enger Zusammenarbeit mit den Angehörigen des ruhmreichen Leninschen Komsomol. Es ist Bestandteil eines internationalistischen Gemeinschaftswerkes der Sowjetunion, der Deutschen Demokratischen Republik und der anderen Bruderländer, das dazu dient, die Kraft des Sozialismus weiter zu erhöhen.

OBEN
Erich Honecker zu Besuch im Nationalen Festivalklub der UdSSR im Zentralen Haus der DSF im Kastanienwäldchen, 3. August 1973

MITTE
Angela Davis, Vertreterin des fortschrittlichen Amerika, Kommunistin und Bürgerrechtskämpferin, ist herzlich begrüßter Gast zu den X. Weltfestspielen, 1973

UNTEN
Erich Honecker beglückwünscht die jungen Brautpaare, die im Nationalen Klub der DDR gemeinsam eine Festivalhochzeit feiern, 3. August 1973

LINKE SEITE
Solidaritätskundgebung der Teilnehmer an den X. Weltfestspielen, 1973

FOLGENDES SEITENPAAR
Mit einem Fackelzug an historischer Stätte in Berlin, Unter den Linden, bekundet die Jugend der DDR am Vorabend des Nationalfeiertags ihre Treue zur Partei der Arbeiterklasse und zum sozialistischen Vaterland, 6. Oktober 1984

DEUTSCHE
DEMOKRATISCHE REPUBLIK

Anhang

Biographische Daten
Ehrungen
Quellenverzeichnis
Bildtexte
Fotonachweis

1912
25. August Erich Honecker als Sohn einer revolutionären Bergarbeiterfamilie in Neunkirchen (Saargebiet) geboren.

1918 bis 1926
Besuch der achtklassigen Volksschule in Wiebelskirchen.

1922
Eintritt in die kommunistische Kindergruppe.

1926 bis 1928
Landarbeiter in Neudorf, Kreis Bublitz (Pommern).

1926
Eintritt in den Kommunistischen Jugendverband Deutschlands (KJVD), den Roten Jungsturm (Jugendorganisation des Roten Frontkämpferbundes) und die Arbeiter-turn- und Sportvereinigung «Fichte».

1928 bis 1930
Lehre als Dachdecker.

1928
Eintritt in den Deutschen Holzarbeiter-Verband, der dem Allgemeinen Deutschen Gewerkschaftsbund (ADGB) angeschlossen ist.

1929
Eintritt in die Kommunistische Partei Deutschlands (KPD); Wahl zum Mitglied der Bezirksleitung des KJVD des Saargebiets.

August 1930 bis Sommer 1931
Erster Aufenthalt in der Sowjetunion; Teilnehmer an einem Lehrgang der Kommunistischen Jugendinternationale an der Internationalen Lenin-Schule der Kommunistischen Internationale in Moskau.

Sommer 1931
Mitglied einer internationalen Arbeitsbrigade, die am Aufbau des Metallurgischen Kombinats «W. I. Lenin» in Magnitogorsk teilnimmt.

1931
August/September Sekretär für Agitation und Propaganda der Bezirksleitung des Saargebiets des KJVD.

1931 bis 1935
Politischer Leiter der Bezirksleitung des KJVD und Mitglied des Sekretariats der Bezirksleitung der KPD, Bezirk Saar.

1932
14./15. November Teilnahme an der Tagung des ZK des KJVD in Prieros bei Berlin, auf der Ernst Thälmann die Aufgaben des KJVD im Kampf gegen die drohende faschistische Diktatur erläutert. Erich Honecker spricht in der Diskussion über Erfahrungen der Bezirksleitung des KJVD im Ringen um die Herstellung der antifaschistischen Einheitsfront der Arbeiterjugend im Saargebiet.

1933
1. Mai Gemeinsame Demonstration des KJVD und der Sozialistischen Arbeiterjugend (SAJ) in Saarbrücken, an deren Vorbereitung und Durchführung Erich Honecker maßgeblich beteiligt ist.

4. bis 6. Juni Teilnahme am Antifaschistischen Arbeiterkongreß Europas in Paris.

Sommer Neben der Jugendarbeit im Saargebiet ist Erich Honecker verantwortlich für die Anleitung der antifaschistischen Tätigkeit des KJVD in Mannheim und Frankfurt (Main).

22. bis 25. September Erich Honecker nimmt am Weltkongreß der Jugend gegen Krieg und Faschismus in Paris teil.

August 1933 bis Frühjahr 1934
Im Auftrag des ZK der KPD und des ZK des KJVD illegal im Ruhrgebiet (Essen) tätig.

1934
Februar Kurzzeitige Festnahme durch die Kriminalpolizei in Essen.

Frühjahr Im Auftrag des ZK der KPD und des ZK des KJVD ist Erich Honecker verantwortlich für die Anleitung des Jugendverbandes in Hessen, Baden-Württemberg und in der Pfalz.

Herbst 1934 bis Februar 1935
Teilnahme am Kampf im Saargebiet gegen dessen Anschluß an Hitlerdeutschland.

13. bis 18. Dezember Reichskonferenz des KJVD in Moskau. Erich Honecker wird in Abwesenheit zum Mitglied des ZK des KJVD gewählt.

1935
Anfang März Erich Honecker begibt sich auf Parteibeschluß von Saarbrücken nach Paris, dem Sitz der Auslandsleitung des ZK der KPD, um sich auf neue Aufgaben in der illegalen Arbeit vorzubereiten.

Sommer Im Auftrag des ZK der KPD kommt Erich Honecker von Frankreich über die Schweiz, Österreich und die Tschechoslowakei nach Deutschland, um die Leitung der illegal arbeitenden Bezirksleitung des KJVD Berlin-Brandenburg zu übernehmen. Teilnahme an der Organisierung der illegalen antifaschistischen Arbeit insbesondere unter der Arbeiterjugend bei Siemens und in anderen Berliner Großbetrieben.

4. Dezember Erich Honecker wird von der faschistischen Gestapo verhaftet und durch die berüchtigte Gestapozentrale in der Prinz-Albrecht-Straße sowie die Kaserne der SS-Leibstandarte «Adolf Hitler» in Berlin-Tempelhof geschleppt.

Dezember 1935 bis Juni 1937
Untersuchungshaft in Berlin-Moabit. Erich Honecker bekennt sich unbeugsam zu seiner kommunistischen Weltanschauung.

1937
8. Juni Verurteilung durch den 2. Senat des faschistischen «Volksgerichtshofes» wegen «Vorbereitung zum Hochverrat» zu zehn Jahren Zuchthaus.

1937 bis 1945
Inhaftierung im Zuchthaus Brandenburg-Görden und aktive Teilnahme an der illegalen antifaschistischen Arbeit.

1945
27. April Befreiung aus dem Zuchthaus Brandenburg-Görden durch die Rote Armee.

Mitte Mai Im Auftrag der KPD übernimmt Erich Honecker die Leitung und Organisierung der Jugendarbeit der Partei.

Juni/Juli Auf der Grundlage des Aufrufs des ZK der KPD vom 11. Juni 1945 organisiert Erich Honecker die Bildung von antifaschistischen Jugendausschüssen in der sowjetischen Besatzungszone.

2. Juli Erste Zusammenkunft mit dem Vorsitzenden der KPD, Wilhelm Pieck.

Anfang Juli Das ZK der KPD überträgt Erich Honecker die Funktion des Jugendsekretärs des ZK der KPD, in der er unmittelbar mit Wilhelm Pieck zusammenarbeitet.

7. Juli Der Artikel «Neues Leben – Neue Jugend» erscheint in der «Deutschen Volkszeitung».

3. August In der «Deutschen Volkszeitung» wird der Artikel Erich Honeckers «Die Jugend vor neuen Aufgaben» veröffentlicht.

10. September In Berlin wird der Zentrale Antifaschistische Jugendausschuß gebildet, zu dessen Vorsitzendem Erich Honecker berufen wird.

1. November Die erste Nummer der Jugendzeitschrift «Neues Leben» erscheint mit einem Geleitwort Erich Honeckers, der als Vorsitzender des Zentralen Antifaschistischen Jugendausschusses Herausgeber der Zeitschrift ist.

2. Dezember Erste zentrale Aktivtagung der Funktionäre der Berliner Jugendausschüsse, an der Mitglieder des Zentralen Antifaschistischen Jugendausschusses und Vertreter der Landesjugendausschüsse der sowjetischen Besatzungszone teilnehmen. Erich Honecker hält das einleitende Referat zu den Aufgaben der Jugend beim Neuaufbau.

1946

26. Februar Erich Honecker ist Mitunterzeichner des Antrags des Zentralen Antifaschistischen Jugendausschusses an die Sowjetische Militäradministration (SMAD) auf Zulassung der Freien Deutschen Jugend (FDJ) als einheitliche demokratische Jugendorganisation.

2./3. März 1. Reichskonferenz der KPD in Berlin. Wahl Erich Honeckers zum Mitglied des ZK der KPD.

7. März Gründung der Freien Deutschen Jugend. Erich Honecker wird Leiter ihres provisorischen Vorstandes.

März In der Zeitschrift «Einheit» erscheint der Artikel Erich Honeckers «Jugend und Sozialismus».

19./20. April Delegierter zum 15. Parteitag der KPD und Wahl Erich Honeckers ins Präsidium.

21./22. April Teilnahme am Vereinigungsparteitag von KPD und SPD zur Sozialistischen Einheitspartei Deutschlands (SED); Wahl Erich Honeckers zum Mitglied des Parteivorstandes der SED.

8. bis 10. Juni I. Parlament der FDJ in Brandenburg (Havel). Erich Honecker begründet die Grundrechte der jungen Generation und wird zum Vorsitzenden der FDJ gewählt. Gemeinsam mit Wilhelm Pieck nimmt Erich Honecker an der Kundgebung zum Abschluß des Parlaments teil.

17. Juni Gründung des Verlages Neues Leben, zu dessen Mitbegründern Erich Honecker gehört.

18. bis 20. Juni 3. Tagung des Parteivorstandes der SED. Erich Honecker spricht über Jugendfragen.

30. Juli bis 1. August Tagung der Jugendsekretäre der SED in Kühlungsborn unter Teilnahme Wilhelm Piecks. In seiner Rede «Kommunalwahlen und Jugend» schlägt Erich Honecker vor, erprobte Funktionäre der FDJ als Kandidaten für die Kommunalwahlen aufzustellen.

17./18. August 1. Ostsächsischer Jugendtag in Bautzen. Zu über 20000 Jugendlichen der Lausitz sprechen unter anderen Wilhelm Pieck und Otto Buchwitz. Erich Honecker erläutert in seiner Rede die Ziele und Aufgaben der FDJ.

28. bis 30. November 4. Tagung des Zentralrats der FDJ. In seinem Referat «Die Rolle der FDJ im geistigen Ringen unserer Zeit» begründet Erich Honecker die Notwendigkeit, die Einheit der Jugend standhaft zu verteidigen.

1947

12. Februar Die erste Nummer der Zeitung «Junge Welt» erscheint mit einem Geleitwort Erich Honeckers.

23. bis 26. Mai II. Parlament der FDJ in Meißen. Erich Honecker erstattet den Rechenschaftsbericht des Zentralrats der FDJ und wird erneut zum Vorsitzenden der FDJ gewählt.

19. Juli bis 5. August Leiter der ersten Delegation der FDJ in die UdSSR. Mit dieser Reise, die als «Friedensflug nach Osten» in die Geschichte eingeht, beginnen die offiziellen Kontakte zwischen FDJ und Komsomol. Ein neues Blatt friedlicher Beziehungen zwischen der sowjetischen und der deutschen Jugend wird aufgeschlagen.

21. bis 30. August Erich Honecker berichtet auf der Ratstagung des Weltbundes der Demokratischen Jugend (WBDJ) in Prag über die Lage in Deutschland und das Wirken der FDJ.

20. bis 24. September Delegierter zum II. Parteitag der SED; erneute Wahl zum Mitglied des Parteivorstandes.

13. Oktober Erich Honecker unterzeichnet als Vorsitzender der FDJ gemeinsam mit Hans Jendretzky, Vorsitzender des FDGB, und Gustav Brack, Präsident der Zentralverwaltung für Arbeit und Sozialfürsorge, eine Verordnung über die Verbesserung des Jugendarbeitsschutzes.

Oktober Das erste Heft der Zeitschrift «Junge Generation» erscheint mit einem Geleitwort Erich Honeckers.

6./7. Dezember Delegierter zum 1. Deutschen Volkskongreß für Einheit und gerechten Frieden; Wahl in das Präsidium des Kongresses und – als Vertreter der FDJ – in den Ständigen Ausschuß.

1948

28./29. Januar 11. Tagung des Zentralrats der FDJ. Erich Honecker spricht über die politische Situation und die Aufgaben der Jugend.

17./18. März Delegierter zum 2. Deutschen Volkskongreß; als Mitglied in den Deutschen Volksrat gewählt.

19. März In der konstituierenden Sitzung des Deutschen Volksrats wird Erich Honecker in dessen Präsidium gewählt.

10./11. April Eröffnungsrede und Schlußwort auf dem Kongreß junger Arbeiter der volkseigenen Betriebe, dem ersten Jungaktivistenkongreß, in Zeitz.

21. bis 26. August Teilnahme an der III. Ratstagung des WBDJ in Otwock bei Warschau, auf der die FDJ in den Weltbund der Demokratischen Jugend aufgenommen wird.

16./17. Oktober Erich Honecker spricht auf der Beratung des Zentralrats der FDJ mit Schriftstellern in Leipzig zum Thema «Junge Generation und Schriftsteller».

29. Oktober Rede auf der Festveranstaltung des Zentralrats der FDJ und des Berliner Stadtvorstandes der FDJ anläßlich des 30. Jahrestags der Gründung des Komsomol.

13. Dezember Gründung des Verbandes der Jungen Pioniere. In Berlin überreichen Erich Honecker und weitere Mitglieder des Zentralrats der FDJ die ersten blauen Halstücher.

1949

21. März Eröffnungsrede zur Goethefeier der deutschen Jugend im Deutschen Nationaltheater in Weimar.

4. April Erich Honecker überbringt in Moskau dem XI. Kongreß des Komsomol die Kampfesgrüße der FDJ.

29./30. Mai Delegierter zum 3. Deutschen Volkskongreß; erneute Wahl in den Deutschen Volksrat.

1. bis 5. Juni III. Parlament der FDJ in Leipzig. Erich Honecker erstattet den Rechenschaftsbericht des Zentralrats der FDJ und wird erneut zum Vorsitzenden der FDJ gewählt.

2. bis 8. September II. Weltjugendkongreß in Budapest. Wahl Erich Honeckers in das Exekutivkomitee des WBDJ.

7. Oktober Gründung der Deutschen Demokratischen Republik. Erich Honecker nimmt an der konstituierenden Sitzung der Provisorischen Volkskammer der DDR teil und gehört seither der Volkskammer, der obersten Volksvertretung der DDR, an.

11. Oktober Erich Honecker spricht als Vorsitzender der FDJ das «Gelöbnis der Jugend» während des machtvollen Fackelzugs der Jugend in Berlin anläßlich der Gründung des ersten deutschen Arbeiter-und-Bauern-Staates und der Wahl Wilhelm Piecks zum Präsidenten der DDR.

12. Oktober In der Sitzung der Provisorischen Volkskammer der DDR stimmt Erich Honecker im Namen der FDJ der Regierungserklärung Otto Grotewohls zu und versichert, daß die Jugend die Politik dieses Staates immer unterstützen wird.

14. Oktober 3. Tagung des Zentralrats der FDJ, an der Wilhelm Pieck teilnimmt. Erich Honecker spricht über die neuen Aufgaben der FDJ nach der Gründung der DDR.

9. November Auf der 5. Sitzung der Provisorischen Volkskammer der DDR wird der Jugendausschuß der Volkskammer gewählt, dessen Vorsitz Erich Honecker übernimmt.

1950

8. Februar Erich Honecker spricht als Vorsitzender des Jugendausschusses auf der 10. Tagung der Provisorischen Volkskammer der DDR zum Entwurf des «Gesetzes über die Teilnahme der Jugend am Aufbau der DDR und die Förderung der Jugend in Schule und Beruf, bei Sport und Erholung». Das Jugendgesetz wird von der Tagung einstimmig verabschiedet.

27. Mai Erich Honecker nimmt am Kongreß junger Friedenskämpfer in Berlin teil.

27. bis 30. Mai Erstes Deutschlandtreffen der Jugend, dessen Vorbereitung und Durchführung von Erich Honecker geleitet wird. Er spricht zur Eröffnung der Friedensdemonstration der über 700000 FDJler und Jugendlichen, die ihr Vertrauen zum ersten deutschen Arbeiter-und-Bauern-Staat und ihren festen Willen zum Kampf um die Erhaltung des Friedens bekunden.

20. bis 24. Juli Delegierter des III. Parteitags der SED; Mitglied des Präsidiums und der Redaktionskommission des Parteitags; Wahl Erich Honeckers zum Mitglied des ZK der SED. In seinem Diskussionsbeitrag spricht er über die Aufgaben der FDJ im Friedenskampf.

25. Juli Auf der 1. Tagung des ZK der SED wird Erich Honecker zum Kandidaten des Politbüros gewählt.

Juli Geleitwort Erich Honeckers zur Herausgabe der Zeitschrift des Zentralrats der FDJ «Der Pionierleiter».

25./26. August Delegierter zum I. Kongreß der Nationalen Front des demokratischen Deutschland; Wahl Erich Honeckers zum Mitglied des Nationalrats und seines Präsidiums.

26. bis 28. November I. Funktionärkonferenz der FDJ in Berlin. Erich Honecker gibt den Abschlußbericht über die Ergebnisse des Friedensaufgebots der FDJ.

Ende November Auf der Ratstagung des WBDJ in Wien dankt Erich Honecker im Namen der Delegation der FDJ für das entgegengebrachte Vertrauen, die III. Weltfestspiele der Jugend und Studenten im Sommer 1951 in Berlin durchzuführen.

1951

2. Januar Rede auf der Festveranstaltung der FDJ zum 75. Geburtstag Wilhelm Piecks in Berlin.

29. April Erich Honecker spricht auf dem Kongreß junger Künstler in Berlin.

5. bis 19. August Leiter der Delegation der FDJ zu den III. Weltfestspielen der Jugend und Studenten in Berlin, für deren Vorbereitung und Durchführung die FDJ und ihr Vorsitzender Erich Honecker als Vertreter des Gastgeberlandes verantwortlich sind.

1952

21. bis 23. Februar 8. Tagung des ZK der SED. Diskussionsbeitrag Erich Honeckers «Das Leben in den FDJ-Gruppen wirklich entfalten, das ist die Aufgabe».

27. bis 30. Mai IV. Parlament der FDJ in Leipzig. Erich Honecker erstattet den Rechenschaftsbericht des Zentralrats der FDJ; erneute Wahl zum Vorsitzenden der FDJ.

8. bis 12. Juli Delegierter der 2. Parteikonferenz der SED und Mitglied des Präsidiums.

14. bis 16. August 2. Tagung des Zentralrats der FDJ in Halle (Saale). Erich Honecker spricht über «Die Aufgaben der jungen Generation beim Aufbau der Grundlagen des Sozialismus in der DDR».

16./17. August Jugendtreffen in Halle (Saale). Auf einer Kundgebung anläßlich des 8. Jahrestags der Ermordung Ernst Thälmanns spricht Erich Honecker und verleiht die von der FDJ neugestiftete Ernst-Thälmann-Medaille an Teilnehmer der Friedensdemonstration am 15. August 1951 in Westberlin.

20. bis 22. November 10. Tagung des ZK der SED. Diskussionsbeitrag Erich Honeckers «Mehr Hilfe und Unterstützung für die FDJ».

1953

9. Mai Ansprache auf dem Freundschaftstreffen der Jugendorganisationen der DDR und der Volksrepublik Polen anläßlich der Ankunft der Friedensfahrer in Görlitz.

23./24. Juni Mitglieder der Parteiführung der SED führen mit Werktätigen wichtiger Großbetriebe Aussprachen über die Lage und die neuen Aufgaben nach der Zerschlagung des konterrevolutionären Putschversuchs, so Erich Honecker im VEB Lokomotivbau «Karl Marx», Babelsberg.

24. Juni Erich Honecker und weitere Mitglieder des Sekretariats des Zentralrats der FDJ nehmen an der Kundgebung der Berliner Jugend teil, auf der die Teilnehmer ihr Vertrauen zur SED und zur Staatsführung der DDR bekunden.

24. bis 26. Juli 15. Tagung des ZK der SED. Erich Honecker wird erneut zum Kandidaten des Politbüros gewählt.

1954

21. Januar Rede auf der Gedenkfeier des ZK der SED und der Bezirksleitung der SED Berlin aus Anlaß des 30. Todestags W. I. Lenins.

19. bis 26. März Erich Honecker leitet die Delegation der FDJ zur Teilnahme am XII. Komsomolkongreß in Moskau und hält eine Grußansprache.

März Unter dem Thema «Die Partei der Arbeiterklasse – Quelle unserer Kraft» hält Erich Honecker vor Schülern einer Parteischule der SED eine Lektion über die Rede W. I. Lenins auf dem III. Kongreß des Komsomol am 2. Oktober 1920 «Die Aufgaben der Jugendverbände».

30. März bis 6. April Delegierter zum IV. Parteitag der SED; Mitglied des Präsidiums und der Statutenkommission; Wiederwahl Erich Honeckers in das ZK der SED und auf dessen 1. Tagung erneute Wahl zum Kandidaten des Politbüros. In seinem Diskussionsbeitrag spricht Erich Honecker über die Gewinnung der gesamten Jugend für den Sozialismus.

15./16. September Besuch bei den jungen Erbauern des Kraftwerks Trattendorf. Erich Honecker legt anläßlich der Volkswahlen als Abgeordneter der Volkskammer Rechenschaft ab und zeichnet 15 FDJler als erste Jugendliche der DDR mit der Philipp-Müller-Ehrennadel aus.

20. September Erich Honecker stellt sich auf einer Jugendversammlung in Lauchhammer als Kandidat für die neuzuwählende Volkskammer vor.

25. November Teilnahme am Dreiländertreffen der Jugend der Volksrepublik Polen, der ČSR und der DDR in Jelenia Góra.

1955

13. bis 15. April 23. Tagung des ZK der SED. Erich Honecker erstattet den Bericht des Politbüros.

25. bis 27. Mai V. Parlament der FDJ in Erfurt. Erich Honecker erstattet den Rechenschaftsbericht des Zentralrats der FDJ und hält das Schlußwort. Das Parlament verabschiedet Erich Honecker aus seiner Tätigkeit in der FDJ und dankt ihm als dem langjährigen Vorsitzenden des Zentralrats der FDJ.

16. Juni Auf Vorschlag des Präsidiums des Ministerrats der DDR zeichnet Wilhelm Pieck den langjährigen Vorsitzenden der FDJ, Erich Honecker, für seine Verdienste bei der Festigung und Stärkung der DDR, insbesondere beim Aufbau und bei der Entwicklung der FDJ, mit dem Vaterländischen Verdienstorden in Gold aus.

September 1955 bis Juli 1956
Studium an der Parteihochschule des ZK der KPdSU in Moskau. Danach setzt Erich Honecker seine Tätigkeit im ZK der SED fort.

1956 bis 1960
Sekretär der Sicherheitskommission des ZK der SED.

1957

30. Januar bis 1. Februar 30. Tagung des ZK der SED. Erich Honecker erstattet den Bericht des Politbüros.

27./28. April Gründungskonferenz des DTSB in Berlin. Erich Honecker überbringt die Grüße des ZK der SED.

7. Mai Eröffnung der ersten Lenin-Gedenkstätte der DDR im ehemaligen Verlagsgebäude der «Leipziger Volkzeitung». Erich Honecker würdigt in seiner Ansprache die historische Leistung W. I. Lenins.

1958

3. bis 6. Februar 35. Tagung des ZK der SED. Erich Honecker erstattet den Bericht des Politbüros und wird zum Mitglied des Sekretariats des ZK gewählt.

30. März Ansprache auf einer Festveranstaltung zur Jugendweihe in Halle (Saale).

10. bis 16. Juli Delegierter zum V. Parteitag der SED. Erich Honecker wird in dessen Präsidium und zum Mitglied des Sekretariats des Parteitags gewählt. Erneute Wahl in das ZK der SED und auf dessen 1. Tagung Wahl zum Mitglied des Politbüros der SED und zum Sekretär des ZK der SED.

10. Oktober Erich Honecker spricht als Spitzenkandidat für die Volkskammer der DDR vor Arbeitern des Kaliwerks «Ernst Thälmann» in Merkers.

17. Oktober Erich Honecker spricht als Spitzenkandidat für die Volkskammer zu den Arbeitern des VEB Fahrzeug- und Gerätewerk Simson-Suhl.

1959

25./26. März II. Tagung der Delegiertenkonferenz der Parteiorganisationen der SED in der Nationalen Volksarmee. In seinem Diskussionsbeitrag spricht Erich Honecker zur sozialistischen Erziehung in der NVA.

20. April Eröffnungsvorlesung auf dem 7. Zentralen Lehrgang für Kampfgruppenkommandeure in Schmerwitz.

18. Mai Erich Honecker beantwortet Fragen auf einem Jugendforum in der Warnow-Werft in Rostock-Warnemünde.

4. Oktober Anläßlich des Fackelzugs der Jugend in Berlin zum 10. Jahrestag der Gründung der DDR dankt Erich Honecker in einer Ansprache der jungen Generation im Namen der Partei der Arbeiterklasse und der Regierung der DDR für ihre Leistungen beim Aufbau des Sozialismus in der DDR.

1960 bis 1971
Sekretär des Nationalen Verteidigungsrats der DDR.

1960

8. Februar Rede auf der Festveranstaltung der Berliner Jugend «10 Jahre Jugendgesetz» im Zentralen Klub der Jugend und Sportler in Berlin.

10. April Erich Honecker spricht auf der Kundgebung auf dem Ettersberg anläßlich des 15. Jahrestags der Befreiung des faschistischen Konzentrationslagers Buchenwald.

21. April Ansprache auf der Festveranstaltung des ZK der SED und der Bezirksleitung der SED Berlin anläßlich des 90. Geburtstags W. I. Lenins.

23. bis 26. Juni Teilnahme an der 5. Bezirksdelegiertenkonferenz Suhl der SED in Meiningen. Erich Honecker spricht auf einer Großkundgebung in Meiningen über die Rolle der Volksmassen in der Geschichte.

5. Oktober Besuch von Werktätigen des VEB Wälzlagerwerke Luckenwalde.

1961

16. Februar Ansprache vor Angehörigen der Kampfgruppen des VEB Braunkohlenwerk «Jugend», Groß-Beuchow.

3./4. Juli 13. Tagung des ZK der SED. Erich Honecker erstattet den Bericht des Politbüros.

12./13. August Im Auftrag des Politbüros des ZK der SED leitet Erich Honecker die politische und organisatorische Vorbereitung und Durchführung der Sicherungsmaßnahmen an der Staatsgrenze der DDR zu Westberlin und zur BRD, das koordinierte Handeln der Partei- und Staatsorgane und der bewaffneten Kräfte in und um Berlin.

15. September Besuch bei Werktätigen des VEB Kaltwalzwerk und Zieherei in Bad Salzungen und einer Einheit der Grenztruppen der DDR in diesem Raum.

15. Oktober bis 3. November Mitglied der Delegation des ZK der SED, die am XXII. Parteitag der KPdSU in Moskau teilnimmt.

23. bis 26. November 14. Tagung des ZK der SED. Diskussionsbeitrag Erich Honeckers über die Rolle der Grundorganisationen der SED bei der Erziehung der Genossen zu bewußten und aktiven Kämpfern für den Sozialismus.

14./15. Dezember Teilnahme an der 10. Tagung der Bezirksleitung der SED Karl-Marx-Stadt.

1962

18. Januar Beratung des Sekretariats des ZK der SED mit den 1. Sekretären der Bezirksleitungen der SED zur Auswertung der Tagungen der Bezirksleitungen.

28./29. April Teilnahme an der Delegiertenkonferenz der Betriebsparteiorganisation des Kalikombinats «Werra» in Merkers.

2. Juni Eröffnung des 5. Pressefestes der Zeitung «Neues Deutschland» in Berlin.

26. bis 28. Juni 16. Tagung des ZK der SED. Diskussionsbeitrag Erich Honeckers zu den Parteiwahlen.

1./2. Dezember 2. Tagung der IV. Delegiertenkonferenz der Parteiorganisationen der SED in der NVA. Erich Honecker spricht zur Diskussion.

1963

15. bis 21. Januar Delegierter zum VI. Parteitag der SED. Erich Honecker wird in das Präsidium, als Leiter des Sekretariats des Parteitags, als Mitglied der Programmkommission und als Vorsitzender der Statutenkommission gewählt. In seinem Referat spricht er zum Parteistatut der SED. Erneute Wahl zum Mitglied des ZK der SED und auf dessen 1. Tagung Wiederwahl zum Mitglied des Politbüros und zum Sekretär des ZK der SED.

10. bis 12. April 2. Tagung des ZK der SED. Erich Honecker erstattet den Bericht des Politbüros.

24. bis 26. Juli Mitglied der Delegation des ZK der SED und der Regierung der DDR, die an den Beratungen der Ersten Sekretäre der Zentralkomitees der kommunistischen und Arbeiterparteien sowie der Regierungschefs der RGW-Mitgliedsländer in Moskau teilnimmt.

9. bis 14. September Beim Manöver «Quartett» im Süden der DDR, an dem Verbände und Truppenteile der Sowjetarmee, der Polnischen Armee, der Tschechoslowakischen Volksarmee und der Nationalen Volksarmee der DDR teilnehmen, besucht Erich Honecker das Feldlager im Raum Dresden und nimmt an einem Freundschaftsmeeting teil.

30. Oktober bis 1. November 4. Tagung des ZK der SED. Erich Honecker hält das Schlußwort.

1964

3. bis 7. Februar 5. Tagung des ZK der SED. Erich Honecker hält das Referat zum Tagesordnungspunkt «Vorbereitung der Parteiwahlen 1964».

28. Februar bis 1. März Teilnahme am VIII. Deutschen Bauernkongreß in Schwerin.

12. April Erich Honecker spricht auf einer Jugendweihefeierstunde in Radebeul.

28. September Teilnahme am internationalen Meeting anläßlich des 100. Jahrestags der Gründung der I. Internationale in Berlin.

2. bis 5. Dezember 7. Tagung des ZK der SED. Erich Honecker spricht in der Diskussion zu den wachsenden Anforderungen an die führende Rolle der Partei.

1965

8. bis 11. Mai Mitglied einer Partei- und Regierungsdelegation, die zu den Feierlichkeiten anläßlich des 20. Jahrestags des Sieges der Sowjetunion und ihrer Verbündeten über den Hitlerfaschismus in Moskau weilt.

17. bis 28. September Mitglied einer Partei- und Regierungsdelegation der DDR, die zu einem Freundschaftsbesuch in der UdSSR weilt.

1. Oktober Erich Honecker spricht auf einer Wahlkundgebung in Rostock.

19. Oktober Erich Honecker spricht auf einer Kundgebung in der Nationalen Mahn- und Gedenkstätte Buchenwald anläßlich der feierlichen Eröffnung des gemeinsamen Herbstmanövers «Oktobersturm» von Verbänden und Truppenteilen der Sowjetarmee, der Polnischen Armee, der Tschechoslowakischen Volksarmee und der Nationalen Volksarmee der DDR.

15. bis 18. Dezember 11. Tagung des ZK der SED. Erich Honecker erstattet den Bericht des Politbüros.

1966

31. Januar Rede vor Chemie- und Bauarbeitern anläßlich der Aufnahme des Dauerbetriebs der ersten petrolchemischen Anlage in Leuna II.

29. März bis 8. April Mitglied der Delegation des ZK der SED zum XXIII. Parteitag der Kommunistischen Partei der Sowjetunion in Moskau.

27. April 12. Tagung des ZK der SED. Erich Honecker berichtet über den Verlauf und die Ergebnisse des XXIII. Parteitags der KPdSU.

4. bis 6. Juli Mitglied der Delegation der DDR zur Tagung des Politischen Beratenden Ausschusses der Teilnehmerstaaten des Warschauer Vertrages in Bukarest.

15. bis 17. September 13. Tagung des ZK der SED. Referat Erich Honeckers zur Vorbereitung der Parteiwahlen.

17. bis 22. Oktober Mitglied einer Delegation von Repräsentanten der DDR, die auf Einladung des ZK der KPdSU und des Ministerrats der UdSSR in Moskau weilt.

25. November Besuch eines Garde-Panzerverbandes der in der DDR stationierten sowjetischen Streitkräfte.

1967

18./19. März Rede auf der VI. Delegiertenkonferenz der Parteiorganisationen der SED in der NVA.

17. bis 22. April Delegierter zum VII. Parteitag der SED. Erich Honecker wird in das Präsidium, als Leiter des Sekretariats und in die Redaktionskommission gewählt und hält das Referat «Die Rolle der Partei in der Periode der Vollendung des Sozialismus». Erneute Wahl zum Mitglied des ZK der SED und auf dessen 1. Tagung zum Mitglied des Politbüros und zum Sekretär des ZK der SED.

10. bis 12. Mai Leiter der Delegation des ZK der SED auf dem VIII. Parlament der FDJ in Karl-Marx-Stadt.

3. Juni Erich Honecker spricht auf einer Wählervertreterkonferenz in Bad Salzungen und wird als Spitzenkandidat zur Wahl für die Volkskammer der DDR bestätigt.

5. bis 10. November Mitglied einer Partei- und Regierungsdelegation der DDR, die zu den Feierlichkeiten anläßlich des 50. Jahrestags der Großen Sozialistischen Oktoberrevolution in Moskau weilt.

1968

24. Februar bis 5. März Leiter der Delegation des ZK der SED zum Konsultativtreffen der kommunistischen und Arbeiterparteien in Budapest, das die Internationale Beratung der kommunistischen und Arbeiterparteien in Moskau vorbereitet.

6./7. März Teilnahme an der Tagung des Politischen Beratenden Ausschusses der Teilnehmerstaaten des Warschauer Vertrages in Sofia.

21. März 5. Tagung des ZK der SED. Erich Honecker erstattet den Bericht des Politbüros.

23. März Mitglied der Delegation des ZK der SED zum Treffen führender Vertreter der kommunistischen und Arbeiterparteien und der Regierungen der Volksrepublik Bulgarien, der Ungarischen Volksrepublik, der DDR, der Volksrepublik Polen, der UdSSR und der ČSSR in Dresden.

6. bis 8. Juni 6. Tagung des ZK der SED. Diskussionsbeitrag Erich Honeckers über die führende Rolle der Partei als Wesensmerkmal der sozialistischen Ordnung in der DDR.

27. August Mitglied einer Partei- und Regierungsdelegation der DDR zu Beratungen der Parteiführungen und Regierungen der sozialistischen Länder in Moskau über die Lage in der ČSSR.

22. bis 25. Oktober 9. Tagung des ZK der SED. Diskussionsbeitrag Erich Honeckers zu Fragen der offensiven ideologischen Auseinandersetzung mit dem Imperialismus.

9. November Ansprache auf der Festveranstaltung des ZK der SED, des Staatsrats, des Ministerrats der DDR und des Nationalrats der Nationalen Front des demokratischen Deutschland in Berlin anläßlich des 50. Jahrestags der Novemberrevolution.

1969

16. bis 18. März Teilnahme an der Tagung des Politischen Beratenden Ausschusses der Teilnehmerstaaten des Warschauer Vertrages in Budapest.

28./29. April 10. Tagung des ZK der SED. Erich Honecker erstattet den Bericht des Politbüros.

5. bis 17. Juni Mitglied der Delegation des ZK der SED zur Internationalen Beratung der kommunistischen und Arbeiterparteien in Moskau.

8. bis 14. Juli Mitglied einer Partei- und Regierungsdelegation der DDR zu einem offiziellen Freundschaftsbesuch in der UdSSR.

21./22. Juli Mitglied der Delegation der DDR zu den Feierlichkeiten anläßlich des 25. Jahrestags der Volksrepublik Polen.

5. bis 7. Oktober Treffen junger Sozialisten anläßlich des 20. Jahrestags der Gründung der DDR in Berlin. Erich Honecker würdigt in einer Ansprache die Leistungen der Jugend der DDR.

12./13. Dezember 12. Tagung des ZK der SED. Diskussionsbeitrag Erich Honeckers über die weitere gesellschaftliche Entwicklung der DDR.

1970

20. bis 24. April Mitglied der Delegation des ZK der SED, die zu den Feierlichkeiten zum 100. Geburtstag W. I. Lenins in Moskau weilt.

16. bis 18. Juni Internationale Wissenschaftliche Konferenz des ZK der SED in Berlin zum Thema «Die wachsende Rolle der kommunistischen Parteien im revolutionären Prozeß des Aufbaus des Sozialismus und Kommunismus». Erich Honecker hält ein Hauptreferat zum Thema «Die Verwirklichung der Leninschen Lehre von der führenden Rolle der Partei durch die SED in der DDR».

20./21. August Teilnahme an der Tagung des Politischen Beratenden Ausschusses der Teilnehmerstaaten des Warschauer Vertrages in Moskau.

21. bis 24. Oktober Mitglied einer Partei- und Regierungsdelegation der DDR zu Verhandlungen mit einer Partei- und Regierungsdelegation der ČSSR in Prag.

2. Dezember Teilnahme an der Tagung des Politischen Beratenden Ausschusses der Teilnehmerstaaten des Warschauer Vertrages in Berlin.

9. bis 11. Dezember 14. Tagung des ZK der SED. Erich Honecker erstattet den Bericht über den Umtausch der Parteidokumente.

1971

28. Januar 15. Tagung des ZK der SED. Referat Erich Honeckers über die Vorbereitung und Durchführung der Parteiwahlen.

20. März Rede auf dem Ernst-Thälmann-Platz in Halle (Saale) anläßlich des 50. Jahrestags der Märzkämpfe.

29. März bis 13. April Mitglied der Delegation des ZK der SED zum XXIV. Parteitag der Kommunistischen Partei der Sowjetunion in Moskau.

19. bis 21. April Leiter der Delegation des ZK der SED zum X. Parteitag der Bulgarischen Kommunistischen Partei in Sofia.

3. bis 5. Mai 16. Tagung des ZK der SED. Erich Honecker wird einstimmig zum Ersten Sekretär des ZK der SED gewählt. Er berichtet über den Verlauf und die Ergebnisse des XXIV. Parteitags der Kommunistischen Partei der Sowjetunion.

14. Mai Besuch des Fritz-Heckert-Werkes und der Rudolf-Harlaß-Gießerei in Karl-Marx-Stadt.

18. Mai Leiter einer Partei- und Regierungsdelegation der DDR zu einem Freundschaftsbesuch in Moskau. Gespräche mit dem Generalsekretär des ZK der KPdSU, Leonid Iljitsch Breshnew.

24. bis 27. Mai Leiter der Delegation des ZK der SED zum XIV. Parteitag der Kommunistischen Partei der Tschechoslowakei in Prag.

10. Juni 17. Tagung des ZK der SED. Referat Erich Honeckers zum Tagesordnungspunkt «Entwurf des Berichts des ZK der SED an den VIII. Parteitag der SED».

15. bis 19. Juni Delegierter zum VIII. Parteitag der SED. Erich Honecker wird in das Präsidium und zum Leiter des Sekretariats des Parteitags gewählt. Er erstattet den Bericht des Zentralkomitees an den VIII. Parteitag und wird als Vorsitzender der Kommission zur Ausarbeitung des Entschließungsentwurfs des VIII. Parteitags zum Rechenschaftsbericht des ZK der SED und als Mitglied der Kommission zur Prüfung der Abänderungen und Ergänzungen zum Entwurf der Direktive des VIII. Parteitags der SED für den Fünfjahrplan 1971–1975 gewählt. Erneute Wahl in das ZK der SED und auf dessen 1. Tagung Wahl zum Ersten Sekretär des ZK und zum Mitglied des Politbüros des ZK der SED.

24. Juni Auf der 20. Sitzung der Volkskammer wird Erich Honecker zum Vorsitzenden des Nationalen Verteidigungsrats der DDR gewählt.

25. Juni Erich Honecker empfängt die Vorsitzenden der Blockparteien und den Präsidenten des Nationalrats der Nationalen Front der DDR zu einem Meinungsaustausch über die Durchführung der Beschlüsse des VIII. Parteitags der SED.

2. August Teilnahme an einem Treffen von Führern kommunistischer und Arbeiterparteien sozialistischer Länder mit dem Generalsekretär des ZK der Kommunistischen Partei der Sowjetunion, Leonid Iljitsch Breshnew, auf der Krim.

20. August Aussprache mit den Vorsitzenden der Blockparteien und dem Präsidenten des Nationalrats der Nationalen Front der DDR über aktuelle Probleme des Kampfes für Sicherheit und Entspannung in Europa.

16./17. September 2. Tagung des ZK der SED. Referat Erich Honeckers über die Vorbereitung und Durchführung der Wahlen zur Volkskammer und zu den Bezirkstagen.

18. bis 20. September Leiter einer Partei- und Regierungsdelegation der DDR zu einem Freundschaftsbesuch in der Volksrepublik Polen. Erich Honecker führt Gespräche mit dem Ersten Sekretär des ZK der Polnischen Vereinigten Arbeiterpartei, Edward Gierek.

27. September Erich Honecker spricht zur Eröffnung einer mehrtägigen Beratung des ZK der SED mit den 1. Sekretären der Kreisleitungen der SED an der Sonderschule des ZK in Brandenburg über die Ergebnisse und Erfahrungen bei der Durchführung der Beschlüsse des VIII. Parteitags der SED.

8. Oktober Erich Honecker wird auf der Wählervertreterkonferenz in Karl-Marx-Stadt als Spitzenkandidat für die Volkskammer bestätigt.

30. Oktober bis 1. November Zusammentreffen mit dem Generalsekretär des ZK der Kommunistischen Partei der Sowjetunion, Leonid Iljitsch Breshnew, in Berlin.

4. November Gespräch mit den Vorsitzenden der Blockparteien und dem Präsidenten des Nationalrats der Nationalen Front der DDR.

11./12. November Leiter einer Partei- und Regierungsdelegation der DDR, die zu einem Freundschaftsbesuch in der ČSSR weilt. Erich Honecker führt Gespräche mit Gustáv Husák, Generalsekretär des ZK der Kommunistischen Partei der Tschechoslowakei und Präsident der ČSSR.

19. November 3. Tagung des ZK der SED. Rede Erich Honeckers zur Konstituierung der staatlichen Organe.

26. November 1. Tagung der Volkskammer der DDR. Wahl zum Mitglied des Staatsrats und zum Vorsitzenden des Nationalen Verteidigungsrats der DDR.

30. November Treffen mit John Gollan, Generalsekretär der Kommunistischen Partei Großbritanniens.

5. bis 11. Dezember Leiter einer Delegation des ZK der SED zur Teilnahme am VI. Parteitag der Polnischen Vereinigten Arbeiterpartei in Warschau.

16./17. Dezember 4. Tagung des ZK der SED. Schlußwort Erich Honeckers.

1972
6./7. Januar Erich Honecker besucht Truppenteile der NVA im Norden der DDR. In seiner Rede auf einer Kundgebung in Prora auf Rügen legt er den engen Zusammenhang von Sozialismus und Frieden dar.

13. Januar Beratung mit den Vorsitzenden der befreundeten Parteien über die Durchführung der Beschlüsse des VIII. Parteitags der SED.

25./26. Januar Leiter der Delegation der DDR, die an der Tagung des Politischen Beratenden Ausschusses der Teilnehmerstaaten des Warschauer Vertrages in Prag teilnimmt.

2./3. Februar Leiter einer Partei- und Regierungsdelegation der DDR zu Verhandlungen mit einer Partei- und Regierungsdelegation der Ungarischen Volksrepublik in Budapest. Erich Honecker führt Gespräche mit János Kádár, Erster Sekretär des ZK der Ungarischen Sozialistischen Arbeiterpartei.

18. Februar Auf der konstituierenden Sitzung des Nationalen Festivalkomitees der DDR für die X. Weltfestspiele der Jugend und Studenten 1973 in Berlin wird Erich Honecker zum Präsidenten des Nationalen Festivalkomitees gewählt. In seiner Rede unterstreicht er die enge Verbundenheit der Jugend mit ihrem Arbeiter-und-Bauern-Staat.

10. März Erich Honecker spricht auf einer propagandistischen Großveranstaltung der Bezirksparteiorganisation der SED Leipzig über die nächsten Aufgaben bei der Verwirklichung der Beschlüsse des VIII. Parteitags der SED, besonders der Einheit von Wirtschafts- und Sozialpolitik.

17./18. April Offizieller Freundschaftsbesuch einer Partei- und Regierungsdelegation der DDR unter Leitung von Erich Honecker in der Volksrepublik Bulgarien. Erich Honecker führt Gespräche mit Todor Shiwkow, Erster Sekretär des ZK der Bulgarischen Kommunistischen Partei und Vorsitzender des Staatsrats der Volksrepublik Bulgarien.

27./28. April 5. Tagung des ZK der SED. Referat Erich Honeckers über neue Maßnahmen des sozialpolitischen Programms des VIII. Parteitags der SED.

10. Mai Erich Honecker besucht Baustellen und Einrichtungen des Wohnungsbaus der Hauptstadt der DDR, Berlin. Er spricht auf einer Aktivtagung der Berliner Bauschaffenden über den entscheidenden Platz des Wohnungsbaus im sozialpolitischen Programm des VIII. Parteitags der SED.

11./12. Mai Freundschaftsbesuch einer Partei- und Regierungsdelegation der DDR unter Leitung Erich Honeckers in der Sozialistischen Republik Rumänien. Erich Honecker führt Gespräche mit Nicolae Ceaușescu, Generalsekretär der Rumänischen Kommunistischen Partei und Vorsitzender des Staatsrats der Sozialistischen Republik Rumänien.

25. Mai Begegnung Erich Honeckers mit den Mitgliedern des Präsidiums der Akademie der Wissenschaften in Berlin.

1./2. Juni Besuch von volkseigenen Betrieben in der Landwirtschaft, die industrielle Verfahren in der Pflanzen- und Tierproduktion anwenden.
Herzliche Begegnungen und Gespräche mit Genossenschaftsbauern und Arbeitern im Volkseigenen Schweinezucht- und Mastkombinat Eberswalde, in der Kooperation Dedelow, Kreis Prenzlau, im VEB Rindermast Ferdinandshof, Kreis Ueckermünde, im Volkseigenen Gut Zingst, Kreis Ribnitz-Damgarten, und in der Kooperation Lewitz, Kreis Ludwigslust.

8. bis 10. Juni Teilnahme am XI. Bauernkongreß der DDR in Leipzig. Erich Honecker spricht zum bewährten Bündnis zwischen Arbeiterklasse und Bauern und zum aktiven Beitrag der Genossenschaftsbauern bei der Gestaltung der entwickelten sozialistischen Gesellschaft.

13. bis 21. Juni Begegnungen mit der vom Ersten Sekretär des ZK der Kommunistischen Partei Kubas und Ministerpräsidenten der Revolutionären Regierung der Republik Kuba, Fidel Castro, geleiteten Partei- und Regierungsdelegation, die zu einem Besuch in der DDR weilt.

26. bis 30. Juni Teilnahme am 8. FDGB-Kongreß in Berlin. In seiner Rede spricht Erich Honecker über die wachsende Rolle der Gewerkschaften bei der Gestaltung der entwickelten sozialistischen Gesellschaft.

6./7. Juli 6. Tagung des ZK der SED. Schlußwort Erich Honeckers.

17. Juli Meinungsaustausch mit den Vorsitzenden der befreundeten Parteien über die Ergebnisse der 6. Tagung des ZK der SED.

31. Juli Teilnahme an einem Treffen von Führern der kommunistischen und Arbeiterparteien sozialistischer Länder auf der Krim.

30. August Beratung des Sekretariats des ZK der SED mit den 1. Sekretären der Kreisleitungen der SED. Rede Erich Honeckers über die weitere Auswertung des Freundschaftstreffens führender Vertreter der kommunistischen und Arbeiterparteien der sozialistischen Länder auf der Krim und über den Stand der Vorbereitung der europäischen Sicherheitskonferenz.

31. August Gespräch mit den Vorsitzenden der befreundeten Parteien.

2. September Unterredung mit dem Generalsekretär der Kommunistischen Partei Indiens, C. Rajeshwar Rao.

11. September Erich Honecker empfängt die durch die internationale Solidarität aus den Kerkern der USA-Justiz freigekämpfte Kommunistin Angela Davis aus den USA und nimmt an einem Kampfmeeting der Berliner Jugend mit Angela Davis teil.

19. bis 22. September Begegnungen mit der vom Generalsekretär des ZK der Kommunistischen Partei der Tschechoslowakei, Gustáv Husák, geleiteten Partei- und Regierungsdelegation der ČSSR, die zu einem Freundschaftsbesuch in der DDR weilt.

26. September Meinungsaustausch mit einer von Gerhard Danelius, Vorsitzender der Sozialistischen Einheitspartei Westberlins, geleiteten Delegation des Parteivorstandes der Sozialistischen Einheitspartei Westberlins.

20. Oktober Rede Erich Honeckers auf der Zentralen Funktionärskonferenz der FDJ in Berlin über die Aufgaben der Jugend in unserer Zeit.

31. Oktober Gespräch mit Amilcar Cabral, Generalsekretär der Afrikanischen Unabhängigkeitspartei Guineas und der Kapverdischen Inseln.

24. November Erich Honecker empfängt Luis Corvalán, Generalsekretär der Kommunistischen Partei Chiles.

6./7. Dezember 8. Tagung des ZK der SED. Schlußwort Erich Honeckers.

11. Dezember Begegnung mit dem Ersten Sekretär des ZK der Kommunistischen Partei Uruguays, Rodney Arismendi.

13. Dezember Empfang einer Delegation der Kommunistischen Partei Finnlands unter Leitung des Vorsitzenden der Partei, Aarne Saarinen.

21. Dezember Erich Honecker spricht als Leiter der Partei- und Regierungsdelegation der DDR auf der Festsitzung in Moskau anläßlich des 50. Jahrestags der UdSSR.

1973

22. Januar Gespräch mit Michael O'Riordan, Generalsekretär der Kommunistischen Partei Irlands.

2. Februar Beratung mit den Vorsitzenden der befreundeten Parteien und dem Präsidenten des Nationalrats der Nationalen Front der DDR.

15. März Begrüßungsrede auf der Internationalen Wissenschaftlichen Konferenz des ZK der SED zum 125. Jahrestag des «Manifestes der Kommunistischen Partei».

22. März Erich Honecker besucht die VII. Kunstausstellung der DDR in Dresden.

31. März Gespräch Erich Honeckers mit dem Vorsitzenden der Fraktion der Sozialdemokratischen Partei Deutschlands im Bundestag der BRD, Herbert Wehner.

13. April Meinungsaustausch mit der in der DDR weilenden Delegation des ZK der Kommunistischen Partei Griechenlands unter Leitung von Harilaos Florakis, Erster Sekretär des ZK der Kommunistischen Partei Griechenlands.

3. Mai Empfang einer Delegation des ZK der Kommunistischen Partei Dänemarks unter Leitung ihres Vorsitzenden, Knud Jespersen.

18. Mai Treffen einer Delegation der Sozialistischen Partei Belgiens unter Leitung ihrer Vorsitzenden André Cools und Josse van Eynde.

28./29. Mai 9. Tagung des ZK der SED. Erich Honecker erstattet den Bericht des Politbüros.

30. Mai Begegnung mit Meir Vilner, Generalsekretär der Kommunistischen Partei Israels.

14. Juni Meinungsaustausch mit Franz Muhri, Vorsitzender der Kommunistischen Partei Österreichs.

18. bis 20. Juni Begegnungen mit Edward Gierek, Erster Sekretär des ZK der Polnischen Vereinigten Arbeiterpartei, der die Partei- und Regierungsdelegation der Volksrepublik Polen leitet, die zu einem Freundschaftsbesuch in der DDR weilt.

23. Juli Auf einer Kundgebung der FDJ vor dem Hause des Zentralkomitees der SED zur Rechenschaftslegung vor der Partei der Arbeiterklasse über die Ergebnisse im Festivalaufgebot spricht Erich Honecker und zeichnet die 55 besten FDJ-Grundorganisationen für ihre Leistungen im Festivalaufgebot mit einem Ernst-Thälmann-Ehrenbanner des ZK der SED aus.

28. Juli bis 5. August X. Weltfestspiele der Jugend und Studenten in Berlin. Rede Erich Honeckers bei der Eröffnung der Weltfestspiele im Stadion der Weltjugend. Empfang von Vertretern der Weltjugend im Schloß Niederschönhausen.

30./31. Juli Teilnahme an einem Treffen der Führer der kommunistischen und Arbeiterparteien sozialistischer Länder auf der Krim.

29. September Rede auf dem Kampfappell anläßlich des zwanzigjährigen Bestehens der Kampfgruppen der Arbeiterklasse in Berlin.

2. Oktober 10. Tagung des ZK der SED. Referat Erich Honeckers zu Kaderfragen.

2. Oktober Gespräch mit den Vorsitzenden der befreundeten Parteien und dem Präsidenten des Nationalrats der Nationalen Front der DDR.

5. Oktober Meinungsaustausch mit dem Vorsitzenden der Deutschen Kommunistischen Partei, Kurt Bachman.

9. bis 14. Oktober Besuch einer Partei- und Regierungsdelegation der DDR unter Leitung von Erich Honecker in der Mongolischen Volksrepublik. Er führt Gespräche mit dem Ersten Sekretär des ZK der Mongolischen Revolutionären Volkspartei und Vorsitzenden des Ministerrats der Mongolischen Volksrepublik, Jumshagin Zedenbal.

24. Oktober Rede auf der Festveranstaltung des ZK der SED, des Bundesvorstandes des FDGB und des Ministerrats der DDR in Berlin anläßlich des 25. Jahrestags der Aktivisten- und Wettbewerbsbewegung.

26. Oktober Rede auf der Beratung des Sekretariats des ZK der SED mit den 1. Sekretären der Kreisleitungen der SED.

5. November Gespräch mit dem Ersten Sekretär des ZK der Irakischen Kommunistischen Partei, Aziz Mohamed.

14. November Erich Honecker ist Gast auf dem VII. Schriftstellerkongreß der DDR.

3. bis 7. Dezember Beratungen mit dem Generalsekretär der Italienischen Kommunistischen Partei, Enrico Berlinguer.

10. Dezember Erich Honecker überreicht auf einem Appell im Amtssitz des Staatsrats der DDR erstmals das rote Halstuch an Thälmannpioniere. Er hält die Rede auf der Festveranstaltung zum 25. Jahrestag der Pionierorganisation «Ernst Thälmann» im Berliner Friedrichstadtpalast.

13. Dezember Erich Honecker empfängt Fuad Nassar, Erster Sekretär des ZK der Jordanischen Kommunistischen Partei, zu einem Gespräch.

1974

10. Januar Zusammenkunft mit den Vorsitzenden der befreundeten Parteien und dem Präsidenten des Nationalrats der Nationalen Front der DDR zur Vorbereitung des 25. Jahrestags der Gründung der DDR.

11. Januar Treffen mit dem Sekretariat des Zentralrats der FDJ im Hause des ZK der SED.

21. bis 24. Januar Begegnungen mit dem Ersten Sekretär des ZK der Bulgarischen Kommunistischen Partei und Vorsitzenden des Staatsrats der Volksrepublik Bulgarien, Todor Shiwkow, Leiter der Partei- und Regierungsdelegation der Volkrepublik Bulgarien, die zu einem Freundschaftsbesuch in der DDR weilt.

28. Januar Teilnahme an der Kundgebung der FDJ zur Annahme des «Gesetzes über die Teilnahme der Jugend an der Gestaltung der entwickelten sozialistischen Gesellschaft» im Berliner Friedrichstadtpalast.

30. Januar Gespräch mit Carlos Altamirano, Generalsekretär der Sozialistischen Partei Chiles.

11. Februar Meinungsaustausch mit dem Generalsekretär der Französischen Kommunistischen Partei, Georges Marchais.

20. bis 27. Februar Erich Honecker leitet die Partei- und Regierungsdelegation der DDR zum Freundschaftsbesuch in der Republik Kuba. Er führt Gespräche mit Fidel Castro, Erster Sekretär des ZK der Kommunistischen Partei Kubas und Ministerpräsident der Revolutionären Regierung der Republik Kuba.

17. bis 19. April Erich Honecker leitet die Delegation der DDR zur Tagung des Politischen Beratenden Ausschusses der Teilnehmerstaaten des Warschauer Vertrages in Warschau.

26. April Beratung mit den Vorsitzenden der befreundeten Parteien über die Ergebnisse der Tagung des Politischen Beratenden Ausschusses der Teilnehmerstaaten des Warschauer Vertrages.

12. Mai Rede auf dem 10. Kongreß der Gesellschaft für Deutsch-Sowjetische Freundschaft in Dresden.

21./22. Mai Gespräche mit dem Generalsekretär der Kommunistischen Partei der USA, Gus Hall.

5. bis 8. Juni Leiter der Partei- und Regierungsdelegation der DDR zu einem Freundschaftsbesuch in der Volksrepublik Polen. Erich Honecker führt Gespräche mit Edward Gierek, Erster Sekretär des ZK der Polnischen Vereinigten Arbeiterpartei.

4./5. Juli 12. Tagung des ZK der SED. Schlußwort Erich Honeckers.

17. Juli Begegnung mit Gladys Marin, Mitglied der Politischen Kommission der Kommunistischen Partei Chiles und Generalsekretär des Kommunistischen Jugendverbandes Chiles, die durch die internationale Solidarität aus der faschistischen Haft freigekämpft wurde. Teilnahme Erich Honeckers gemeinsam mit Gladys Marin an der Solidaritätskundgebung der Jugend der DDR für das chilenische Volk im Berliner Friedrichstadtpalast.

26./27. August Meinungsaustausch mit Louis van Geyt, Vorsitzender der Kommunistischen Partei Belgiens.

11. September Teilnahme an einer Solidaritätskundgebung für das chilenische Volk im Berliner Friedrichstadtpalast.

27. September Rede auf der 13. Tagung der Volkskammer zur Begründung des Gesetzes zur Ergänzung und Änderung der Verfassung der DDR.

1. Oktober Empfang einer Delegation von Werktätigen aus dem VEB Kombinat Robotron Dresden, die über Ergebnisse im Wettbewerb zu Ehren des 25. Jahrestags der Gründung der DDR berichtet.

2. Oktober Unterredung mit dem Generalsekretär der Kommunistischen Partei Argentiniens, Geronimo Arnedo Alvarez.

5. Oktober Teilnahme an der Kundgebung zum erfolgreichen Abschluß der «FDJ-Initiative DDR 25» im Festsaal des ZK der SED. Die FDJ und ihre Pionierorganisation «Ernst Thälmann» legen vor dem Politbüro des ZK der SED und seinem Ersten Sekretär, Erich Honecker, Rechenschaft ab. Rede Erich Honeckers «Die FDJ setzt die revolutionären Traditionen würdig fort».

6. Oktober Festveranstaltung des ZK der SED, des Staatsrats, des Ministerrats und des Nationalrats der Nationalen Front der DDR anläßlich des 25. Jahrestags der Gründung der DDR in der Werner-Seelenbinder-Halle. Erich Honecker hält die Festansprache.

14. bis 17. Oktober Leiter der Partei- und Regierungsdelegation der DDR zu einem Freundschaftsbesuch in der ČSSR. Erich Honecker führt Gespräche mit Gustáv Husák, Generalsekretär des ZK der Kommunistischen Partei der Tschechoslowakei und Präsident der ČSSR.

22. Oktober Erich Honecker empfängt Vertreter des Zentralrats der FDJ und junge Arbeiter, die den Beschluß der 12. Tagung des Zentralrats der FDJ überbringen, daß die FDJ den DDR-Abschnitt der «Erdgasleitung Ohrenburg – Westgrenze UdSSR» als Zentrales Jugendobjekt übernimmt.

5. November Zusammenkunft mit dem Vorsitzenden der Deutschen Kommunistischen Partei, Herbert Mies.

12. bis 15. November Begegnung mit Josip Broz Tito, Präsident der Sozialistischen Förderativen Republik Jugoslawien und Vorsitzender des Bundes der Kommunisten Jugoslawiens, der zu einem Freundschaftsbesuch in der DDR weilt.

29. November Gespräch mit dem Generalsekretär des ZK der Kommunistischen Partei Spaniens, Santiago Carillo.

9. Dezember Meinungsaustausch mit den Vorsitzenden der befreundeten Parteien und dem Präsidenten des Nationalrats der Nationalen Front der DDR.

12. bis 14. Dezember 13. Tagung des ZK der SED. Erich Honecker erstattet den Bericht des Politbüros.

1975

10. Januar Gedankenaustausch mit dem Vorsitzenden der Sozialistischen Einheitspartei Westberlins, Gerhard Danelius.

3. Februar Meinungsaustausch mit dem Ersten Sekretär des ZK der Kommunistischen Partei Griechenlands, Harilaos Florakis.

7. Februar Erich Honecker empfängt den Generalsekretär der UNO, Dr. Kurt Waldheim.

17. bis 21. März Leiter der Delegation des ZK der SED zum XI. Parteitag der Ungarischen Sozialistischen Arbeiterpartei in Budapest.

24. April Schlußwort auf der 6. Baukonferenz des ZK der SED und des Ministerrats der DDR. Erich Honecker spricht zur Verantwortung des Bauwesens für die Verwirklichung des sozialpolitischen Programms des VIII. Parteitags der SED.

26. April Rede auf der Gedenkkundgebung in Brandenburg (Havel) anläßlich des 30. Jahrestags der Befreiung der antifaschistischen Widerstandskämpfer aus dem Zuchthaus Brandenburg-Görden durch die Rote Armee.

7. Mai Rede auf der Festveranstaltung des ZK der SED, des Staatsrats und des Ministerrats der DDR zum 30. Jahrestag der Befreiung des deutschen Volkes vom Hitlerfaschismus in der Deutschen Staatsoper, Berlin.

18. Mai Anläßlich des III. Festivals der Freundschaft zwischen der Jugend der UdSSR und der DDR in Halle (Saale) spricht Erich Honecker zu über 100000 FDJlern und Komsomolzen und betont die Freundschaft der Jugend beider Länder.

5. Juni 14. Tagung des ZK der SED. Rede Erich Honeckers zur Einberufung des IX. Parteitags der SED.

9. Juni Meinungsaustausch mit den Vorsitzenden der befreundeten Parteien über die Beschlüsse der 14. Tagung des ZK der SED.

2. Juli Brief an den Zentralrat der FDJ. Erich Honecker teilt mit, daß das ZK der SED der Bitte des Zentralrats der FDJ entspricht, in Vorbereitung des IX. Parteitags der SED aktiven Mitgliedern und Funktionären der FDJ den Eintritt in die Reihen der SED zu ermöglichen.

10. Juli Erich Honecker empfängt die Vorsitzenden der befreundeten Parteien und Massenorganisationen sowie den Präsidenten des Nationalrats der Nationalen Front der DDR anläßlich des bevorstehenden 30. Jahrestags des Demokratischen Blocks der Parteien und Massenorganisationen.

29. Juli bis 1. August Erich Honecker leitet die Delegation der DDR zur Konferenz über Sicherheit und Zusammenarbeit in Europa in Helsinki. Rede auf der Konferenz und Unterzeichnung der Schlußakte. Begegnungen und Gespräche mit zahlreichen Politikern der Teilnehmerländer.

5. September Erich Honecker spricht auf der Festveranstaltung zum 30. Jahrestag der demokratischen Bodenreform in Schwerin zum bewährten Bündnis zwischen der Arbeiterklasse und den Genossenschaftsbauern als einem Eckpfeiler der Politik der Partei.

11. September Besuch des Fliegerabwehr-Raketen-Regiments «Hermann Duncker» und des Jagdfliegergeschwaders «Heinrich Rau».

23. September Gespräch mit einer Delegation der Partei der Arbeit der Niederlande unter Leitung ihrer Vorsitzenden, Jen van den Heuvel-de Blank.

2./3. Oktober 15. Tagung des ZK der SED. Referat Erich Honeckers zur Durchführung der Parteiwahlen.

6. bis 13. Oktober Freundschaftsbesuch einer Partei- und Staatsdelegation der DDR unter Leitung von Erich Honecker in der UdSSR. Unterzeichnung des Vertrages über Freundschaft, Zusammenarbeit und gegenseitigen Beistand zwischen der DDR und der UdSSR.

15. bis 19. Oktober Begegnungen mit dem Ersten Sekretär der Partei der Werktätigen Vietnams, Le Duan, der die Partei- und Regierungsdelegation der Demokratischen Republik Vietnam leitet, die zu einem Besuch in der DDR weilt.

20. Oktober Erich Honecker hält die Grußansprache an den in Berlin tagenden Weltkongreß im Internationalen Jahr der Frau. Er hebt hervor, daß die Frauen der Welt eine gewaltige politische Kraft im Kampf für Frieden und sozialen Fortschritt sind.

27. Oktober Beratung des Sekretariats des ZK der SED mit den 1. Sekretären der Kreisleitungen der SED über die Vorbereitung des IX. Parteitags der SED.

30. Oktober Erich Honecker empfängt die Präsidentin der IDFF, Freda Brown, sowie die Generalsekretärin der IDFF, Fanny Edelmann, zu einem Gespräch.

1. November Meinungsaustausch mit dem Generalsekretär der Französischen Kommunistischen Partei, Georges Marchais.

19. November Zusammentreffen mit dem Generalsekretär der Portugiesischen Kommunistischen Partei, Alvaro Cuñhal.

26./27. November 16. Tagung des ZK der SED. Schlußwort Erich Honeckers.

8. bis 11. Dezember Leiter der Delegation des ZK der SED, die am VII. Parteitag der Polnischen Vereinigten Arbeiterpartei in Warschau teilnimmt.

1976

2. Januar Erich Honecker hält die Ansprache auf der Festveranstaltung des ZK der SED, des Staatsrats, des Ministerrats und des Nationalrats der Nationalen Front der DDR zum 100. Geburtstag Wilhelm Piecks.

16./17. Januar Besuch bei den Arbeitern des Kalibetriebes «Werra» in Merkers. Erich Honecker spricht auf der Delegiertenkonferenz der Parteiorganisation des Betriebes über die erfolgreiche Verwirklichung des Kurses des VIII. Parteitags der SED.

9. Februar Begegnung Erich Honeckers mit dem Ersten Sekretär des ZK der Jordanischen Kommunistischen Partei, Fuad Nassar.

13. Februar Besuch des Wärmekraftwerks Boxberg.

20. Februar Gespräch mit dem Vorsitzenden der Kommunistischen Partei Norwegens, Gunnar Knutsen.

23. Februar bis 5. März Erich Honecker leitet die Delegation des ZK der SED zum XXV. Parteitag der Kommunistischen Partei der Sowjetunion in Moskau.

6. März Erich Honecker würdigt in seiner Ansprache auf der Festveranstaltung zum 30. Jahrestag der Gründung der FDJ die Leistungen des Jugendverbandes.

17. März 17. Tagung des ZK der SED. Erich Honecker erstattet den Bericht des Politbüros.

27. März In seinem Schlußwort auf der 12. Bezirksdelegiertenkonferenz Berlin der SED spricht Erich Honecker zum Programm der weiteren Entwicklung der Hauptstadt Berlin als politisches, ökonomisches und kulturelles Zentrum der DDR.

29. bis 31. März Erich Honecker leitet die Delegation des ZK der SED zum XI. Parteitag der Bulgarischen Kommunistischen Partei in Sofia.

12./13. April Erich Honecker leitet die Delegation des ZK der SED zum XV. Parteitag der Kommunistischen Partei der Tschechoslowakei in Prag.

20. April Teilnahme am Treffen der Parteiführung der SED mit Veteranen der Arbeiterbewegung und Delegierten des Vereinigungsparteitags von KPD und SPD zur SED anläßlich des 30. Jahrestags des Vereinigungsparteitags.

23. April Teilnahme an der Eröffnung des Palastes der Republik in der Hauptstadt der DDR, Berlin.

18. bis 22. Mai Delegierter zum IX. Parteitag der SED, Mitglied des Präsidiums, Leiter des Sekretariats des Parteitags und Vorsitzender der Programmkommission. Erich Honecker erstattet den Bericht des ZK der SED an den IX. Parteitag, hält die Schlußbemerkungen über die Diskussion zum Bericht des ZK und die Schlußansprache an den Parteitag. Wiederwahl als Mitglied des ZK der SED und auf dessen 1. Tagung Wahl zum Generalsekretär des ZK der SED und Mitglied des Politbüros des ZK der SED.

4. Juni Rede Erich Honeckers auf dem X. Parlament der FDJ über die Aufgaben der Jugend nach dem IX. Parteitag der SED.

8. Juni Erich Honecker empfängt die Repräsentanten der befreundeten Parteien und des Nationalrats der Nationalen Front der DDR zu einem Meinungsaustausch über die Durchführung der Beschlüsse des IX. Parteitags der SED.

10. Juni Beratung Erich Honeckers mit dem Sekretariat des Zentralrats der FDJ.

29./30 Juni Konferenz der kommunistischen und Arbeiterparteien Europas in Berlin. Erich Honecker eröffnet die Konferenz und spricht als Vertreter der SED über den Beitrag der SED im Kampf um Frieden, Sicherheit, Zusammenarbeit und sozialen Fortschritt in Europa.

1. bis 4. Juli Begegnungen mit der Ministerpräsidentin der Republik Indien, Indira Gandhi, die zu einem offiziellen Besuch in der DDR weilt.

19. August Treffen des Generalsekretärs des ZK der Kommunistischen Partei der Sowjetunion, Leonid Iljitsch Breshnew, mit Erich Honecker auf der Krim.

2./3. September 2. Tagung des ZK der SED. Schlußwort Erich Honeckers.

6. September Gespräch mit dem Generalsekretär des ZK der Kommunistischen Partei Sri Lankas, Pieter Keuneman.

17. September Erich Honecker empfängt eine Delegation des Friedensrats der DDR und unterzeichnet den Stockholmer Appell des Weltfriedensrats zur Einstellung des Wettrüstens und für die Abrüstung.

28. Oktober 3. Tagung des ZK der SED. Rede Erich Honeckers zur Konstituierung der leitenden Organe des Staates.

29. Oktober Konstituierende Tagung der Volkskammer der DDR. Wahl zum Vorsitzenden des Staatsrats der DDR und Wiederwahl als Vorsitzender des Nationalen Verteidigungsrats der DDR.

12. bis 18. November Begegnungen mit Luiz de Almeida Cabral, stellvertretender Generalsekretär der Afrikanischen Unabhängigkeitspartei von Guinea und den Kapverden (PAIGC) und Vorsitzender des Staatsrats der Republik Guinea-Bissau, der die Partei- und Staatsdelegation der Republik Guinea-Bissau leitet, die zu einem Freundschaftsbesuch in der DDR weilt.

16. November Gespräch mit dem Generalsekretär des ZK der Syrischen Kommunistischen Partei, Kahled Bagdache.

24. bis 26. November Leiter der Delegation der DDR zur Tagung des Politischen Beratenden Ausschusses der Teilnehmerstaaten des Warschauer Vertrages in Bukarest.

1977

12. bis 15. Januar Erich Honecker leitet die Partei- und Staatsdelegation der DDR zu einem Freundschaftsbesuch in der Sozialistischen Föderativen Republik Jugoslawien. Er führt Gespräche mit dem Vorsitzenden des Bundes der Kommunisten Jugoslawiens und Präsidenten der Sozialistischen Föderativen Republik Jugoslawien, Josip Broz Tito.

28. Januar bis 2. Februar Treffen mit einer Delegation des ZK der Kommunistischen Partei Chiles, die von Luis Corvalán, Generalsekretär der Partei, geleitet wird.

4. bis 6. Februar Freundschaftsbesuch in der Sozialistischen Republik Rumänien. Erich Honecker führt Gespräche mit dem Generalsekretär der Rumänischen Kommunistischen Partei und Präsidenten der Sozialistischen Republik Rumänien, Nicolae Ceauşescu.

25. Februar Rede Erich Honeckers auf der Beratung des Sekretariats des ZK der SED mit den 1. Sekretären der Kreisleitungen der SED über die nächsten Aufgaben der Partei und über aktuelle Fragen der Innen- und Außenpolitik.

28. Februar Gespräch mit Rodney Arismendi, Erster Sekretär des ZK der Kommunistischen Partei Uruguays.

7. März Erich Honecker empfängt den Präsidenten der Afrikanischen Volksunion von Simbabwe, Joshua Nkomo, zu einem Gespräch.

17./18. März 5. Tagung des ZK der SED. Erich Honecker erstattet den Bericht des Politbüros.

22. bis 25. März Begegnung mit János Kádár, Erster Sekretär des ZK der Ungarischen Sozialistischen Arbeiterpartei, der die Partei- und Regierungsdelegation der Ungarischen Volksrepublik leitet, die zu einem Freundschaftsbesuch in der DDR weilt. Es wird ein neuer Vertrag über Freundschaft, Zusammenarbeit und gegenseitigen Beistand zwischen beiden Staaten unterzeichnet.

2. bis 4. April Gespräche mit Fidel Castro, Erster Sekretär des ZK der Kommunistischen Partei Kubas, Vorsitzender des Staatsrats und des Ministerrats der Republik Kuba, der die Partei- und Staatsdelegation der Republik Kuba leitet, die zu einem Freundschaftsbesuch in der DDR weilt.

3. bis 7. Mai Begegnungen mit Jumshagin Zedenbal, Erster Sekretär des ZK der Mongolischen Revolutionären Volkspartei und Vorsitzender des Präsidiums des Großen Volkshurals der Mongolischen Volksrepublik, Leiter einer Partei- und Regierungsdelegation der Mongolischen Volksrepublik, die zu einem Besuch in der DDR weilt. Es wird ein neuer Vertrag über Freundschaft, Zusammenarbeit und gegenseitigen Beistand zwischen beiden Staaten unterzeichnet.

11. bis 13. Mai Treffen mit dem Generalsekretär des ZK der Laotischen Revolutionären Volkspartei und Ministerpräsidenten der Volksdemokratischen Republik Laos, Kaysone Phomvihane, der die Partei- und Regierungsdelegation der Volksdemokratischen Republik Laos leitet, die zu einem Freundschaftsbesuch in der DDR weilt.

28./29. Mai Zusammentreffen mit dem Ersten Sekretär des ZK der Polnischen Vereinigten Arbeiterpartei, Edward Gierek, der die polnische Partei- und Staatsdelegation leitet, die zu einem Besuch in der DDR weilt. Es wird ein neuer Vertrag über Freundschaft, Zusammenarbeit und gegenseitigen Beistand zwischen beiden Staaten unterzeichnet.

8. bis 10. Juni Begegnungen mit dem Generalsekretär der Rumänischen Kommunistischen Partei und Präsidenten der Sozialistischen Republik Rumänien, Nicolae Ceauşescu, der die Partei- und Staatsdelegation der Sozialistischen Republik Rumänien leitet, die zu einem Freundschaftsbesuch in der DDR weilt. Es wird eine Deklaration über die Vertiefung der Freundschaft und Entwicklung der brüderlichen Zusammenarbeit zwischen beiden Staaten unterzeichnet.

10. Juli Treffen des Generalsekretärs des ZK der Kommunistischen Partei der Sowjetunion, Leonid Iljitsch Breshnew, mit Erich Honecker auf der Krim.

25. Juli Erich Honecker eröffnet das VI. Turn- und Sportfest und die VI. Kinder- und Jugendspartakiade in Leipzig.

6. bis 9. September Begegnungen mit dem Präsidenten der Republik Finnland, Dr. Urho Kaleva Kekkonen, der zu einem Staatsbesuch in der DDR weilt.

13./14. September Unter Leitung Erich Honeckers weilt eine Partei- und Staatsdelegation der DDR zu einem Freundschaftsbesuch in der Volksrepublik Bulgarien. Es wird ein neuer Vertrag über Freundschaft, Zusammenarbeit und gegenseitigen Beistand zwischen beiden Staaten unterzeichnet.

26. September Rede Erich Honeckers auf einer propagandistischen Großveranstaltung in Dresden zur Eröffnung des Parteilehrjahrs über die sozialistische Revolution in der DDR und ihre Perspektiven.

29. September Meinungsaustausch mit dem Generalsekretär der Fortschrittspartei des Werktätigen Volkes Zyperns (AKEL), Ezekias Papaioannou.

3. bis 5. Oktober Zusammentreffen mit dem Generalsekretär des ZK der Kommunistischen Partei der Tschechoslowakei und Präsidenten der ČSSR, Gustáv Husák, der die Partei- und Staatsdelegation der ČSSR leitet, die zu einem Freundschaftsbesuch in der DDR weilt. Es wird ein neuer Vertrag über Freundschaft, Zusammenarbeit und gegenseitigen Beistand zwischen beiden Staaten unterzeichnet.

11. bis 13. Oktober Begegnungen mit dem Vorsitzenden des Militärkomitees der Kongolesischen Partei der Arbeit, Präsidenten der Republik, Staatschef und Vorsitzenden des Ministerrats der Volksrepublik Kongo, Oberst Joachim Yhomby-Opango, der die Partei- und Staatsdelegation der Volksrepublik Kongo leitet, die zu einem Freundschaftsbesuch in der DDR weilt.

21. Oktober Erich Honecker führt Gespräche mit einer Delegation der Luxemburgischen Kommunistischen Partei unter Leitung ihres Vorsitzenden, René Urbany.

31. Oktober bis 7. November Erich Honecker leitet die Partei- und Staatsdelegation der DDR zu den Feierlichkeiten anläßlich des 60. Jahrestags der Großen Sozialistischen Oktoberrevolution in Moskau.

21. November Treffen mit den Mitgliedern des Zentralrats der FDJ und mit den 1. Sekretären der Kreisleitungen der FDJ. Erich Honecker dankt in seiner Rede für die von der Jugend geleistete Arbeit, die in der hervorragenden Bilanz des «FDJ-Auftrages IX. Parteitag» und in der «Pionierstafette Roter Oktober» zum Ausdruck kommt.

1. bis 5. Dezember Leiter einer Partei- und Staatsdelegation der DDR zu einem Freundschaftsbesuch in der Sozialistischen Republik Vietnam. Erich Honecker führt Gespräche mit dem Generalsekretär des ZK der Kommunistischen Partei Vietnams, Le Duan. Es wird ein Vertrag über Freundschaft und Zusammenarbeit zwischen beiden Ländern unterzeichnet.

6. bis 8. Dezember Staatsbesuch in der Republik der Philippinen. Erich Honecker führt Gespräche mit dem Präsidenten der Republik der Philippinen, Ferdinand E. Marcos.

8. bis 12. Dezember Leiter der Partei- und Staatsdelegation der DDR zu einem Freundschaftsbesuch in der Koreanischen Demokratischen Volksrepublik. Erich Honecker führt Gespräche mit dem Generalsekretär des ZK der Partei der Arbeit Koreas und Präsidenten der Koreanischen Demokratischen Volksrepublik, Kim Il Sung.

19. Dezember Erich Honecker empfängt den Präsidenten der Südwestafrikanischen Volksorganisation (SWAPO) von Namibia, Sam Nujoma, zu einem Gespräch.

1978

23. Januar Meinungsaustausch mit dem Generalsekretär der Kommunistischen Partei Großbritanniens, Gordon McLennan.

27. Januar Treffen mit dem Generalsekretär der Sozialistischen Partei Chiles, Carlos Altamirano.

2. Februar Begegnung mit dem Generalsekretär des ZK der Kommunistischen Partei Chiles, Luis Corvalán.

3. Februar Gedankenaustausch mit einer Delegation der Kommunistischen Partei Norwegens unter Leitung des Vorsitzenden, Martin Gunnar Knutsen.

17. Februar Referat auf der Beratung des Sekretariats des ZK der SED mit den 1. Sekretären der Kreisleitungen der SED über die Aufgaben der Partei bei der weiteren Verwirklichung der Beschlüsse des IX. Parteitags der SED.

23. Februar Meinungsaustausch mit dem Generalsekretär der Portugiesischen Kommunistischen Partei, Alvaro Cuñhal.

6. März Erich Honecker empfängt den Vorstand der Konferenz der Evangelischen Kirchenleitung in der DDR unter Leitung seines Vorsitzenden, Bischof D. Dr. Albrecht Schönherr. In einem konstruktiven und freimütigen Gespräch werden Fragen des Verhältnisses von Staat und Kirche erörtert.

31. März Gespräch mit dem Bundeskanzler der Republik Österreich, Dr. Bruno Kreisky, der zu einem Besuch in Berlin weilt.

17. April Begegnung mit dem Vorsitzenden der Deutschen Kommunistischen Partei, Herbert Mies.

2. Mai Gedankenaustausch mit dem Generalsekretär der Sozialdemokratischen Partei Finnlands, Ulf Sundquist.

17. Mai Treffen mit dem Vorsitzenden der Kommunistischen Partei Dänemarks, Jörgen Jensen.

18. Mai Empfang einer Delegation des Afrikanischen Nationalkongresses Südafrikas unter Leitung seines Präsidenten, Oliver Tambo.

24./25. Mai 8. Tagung des ZK der SED. Erich Honecker erstattet den Bericht des Politbüros.

29. Mai Teilnahme am VIII. Schriftstellerkongreß der DDR in Berlin.

15. Juni Treffen mit dem Vorsitzenden der Paraguayischen Kommunistischen Partei, Antonio Maidana.

23. Juni Meinungsaustausch mit dem Generalsekretär der Libanesischen Kommunistischen Partei, Nicolas Chaoui.

26. bis 28. Juni Gespräche mit dem zu einem Freundschaftsbesuch in der DDR weilenden Generalsekretär des Allgemeinen Volkskongresses der Sozialistischen Libyschen Arabischen Volksjamahiriya, Oberst Muammar el Ghaddafi.

6. Juli Im Beisein Erich Honeckers wird in Berlin-Marzahn die einmillionste Wohnung auf einem Bauarbeitermeeting übergeben.

25. Juli Treffen des Generalsekretärs des ZK der Kommunistischen Partei der Sowjetunion, Leonid Iljitsch Breshnew, mit Erich Honecker auf der Krim.

21. September Begegnung Erich Honeckers mit dem ersten Fliegerkosmonauten der DDR, Sigmund Jähn, und dem sowjetischen Kosmonauten Waleri Bykowski.

25. September Erich Honecker würdigt in seiner Festansprache anläßlich des dreißigjährigen Bestehens des DTSB der DDR die Erfolge sozialistischer Sportpolitik.

30. September Rede auf dem Kampfappell anläßlich des fünfundzwanzigjährigen Bestehens der Kampfgruppen der Arbeiterklasse in der Berliner Karl-Marx-Allee.

1. bis 4. Oktober Begegnungen mit dem Generalsekretär der Arabischen Sozialistischen Baath-Partei und Präsidenten der Syrischen Arabischen Republik, Hafez al Assad, der die Partei- und Regierungsdelegation der Syrischen Arabischen Republik leitet, die zu einem Freundschaftsbesuch in der DDR weilt.

9. Oktober Ansprache auf der Festveranstaltung aus Anlaß der 150-Jahr-Feier der Technischen Universität Dresden, in der Erich Honecker die großen Verdienste der traditionsreichen Bildungs- und Forschungsstätte würdigt.

12. Oktober Begegnung Erich Honeckers mit dem Vorsitzenden der Sozialistischen Einheitspartei Westberlins, Horst Schmitt.

18. Oktober Eine Delegation des Politbüros des ZK der SED unter Leitung von Erich Honecker nimmt am VIII. Pädagogischen Kongreß der DDR teil.

19. Oktober Gespräche mit dem Präsidenten der Südwestafrikanischen Volksorganisation (SWAPO) von Namibia, Sam Nujoma.

28. Oktober Zusammentreffen mit dem Generalsekretär der Kommunistischen Partei Sri Lankas, Pieter Keuneman.

3. November Meinungsaustausch mit dem Vorsitzenden der Kommunistischen Partei der Niederlande, Henk Hoekstra.

14. November Gespräch mit den Repräsentanten der befreundeten Parteien und des Nationalrats der Nationalen Front der DDR.

22./23. November Leiter der Delegation der DDR zur Tagung des Politischen Beratenden Ausschusses der Teilnehmerstaaten des Warschauer Vertrages in Moskau.

26. bis 29. November Begegnungen mit dem Vorsitzenden des Provisorischen Militärischen Verwaltungsrats und Vorsitzenden des Ministerrats des Sozialistischen Äthiopien, Oberstleutnant Mengistu Haile Mariam, der zu einem Freundschaftsbesuch in der DDR weilt. Es wird eine Deklaration über die Prinzipien der Freundschaft und Zusammenarbeit zwischen beiden Ländern unterzeichnet.

30. November Erich Honecker informiert die Repräsentanten des Demokratischen Blocks der Parteien und Massenorganisationen über die Moskauer Tagung des Politischen Beratenden Ausschusses der Teilnehmerstaaten des Warschauer Vertrages.

13./14. Dezember 9. Tagung des ZK der SED. Schlußwort Erich Honeckers.

15. Dezember Begegnung mit dem Generalsekretär der Portugiesischen Kommunistischen Partei, Alvaro Cuñhal.

28. Dezember Meinungsaustausch mit dem Generalsekretär der Französischen Kommunistischen Partei, Georges Marchais.

1979

3. Januar Gedankenaustausch mit dem Sekretariat des Zentralrats der FDJ über die aktuellen Aufgaben des sozialistischen Jugendverbandes bei der weiteren Vorbereitung auf den 30. Jahrestag der DDR.

8. bis 12. Januar Erich Honecker besucht die Republik Indien. Es kommt zu Begegnungen und Gesprächen mit dem Präsidenten der Republik Indien, Neelam Samnjira Reddy, dem Ministerpräsidenten der Republik Indien, Morarji Desai, und weiteren Persönlichkeiten.

24. Januar Gespräch mit Lars Werner, Vorsitzender der Linkspartei-Kommunisten (Schweden).

29. Januar Unterredung mit dem Generalsekretär der Kommunistischen Partei Chiles, Luis Corvalán.

2. Februar Grußansprache auf der Außerordentlichen Tagung des Weltfriedensrats in Berlin, in der Erich Honecker die Frage von Krieg und Frieden als Kernfrage der Gegenwart hervorhebt und die Friedenspolitik der DDR erläutert.

6. Februar Begegnung mit dem Präsidenten des Weltfriedensrats, Romesh Chandra.

15. bis 17. Februar Erich Honecker leitet eine Partei- und Staatsdelegation der DDR zu einem offiziellen Besuch in der Sozialistischen Libyschen Arabischen Volksjamahiriya, in dessen Verlauf er Gespräche mit dem Generalsekretär des Allgemeinen Volkskongresses der Sozialistischen Libyschen Arabischen Volksjamahiriya, Oberst Muammar el Ghaddafi, führt.

17. bis 19. Februar Eine Partei- und Staatsdelegation der DDR weilt unter Leitung Erich Honeckers in der Volksrepublik Angola. Erich Honecker und der Präsident der MPLA-Partei der Arbeit und der Volksrepublik Angola, Dr. Agostinho Neto, unterzeichnen einen Vertrag über Freundschaft und Zusammenarbeit zwischen beiden Ländern.

20. bis 22. Februar Unter Leitung Erich Honeckers weilt die Partei- und Staatsdelegation der DDR zu einem offiziellen Freundschaftsbesuch in der Republik Sambia. Er führt Gespräche mit dem Präsidenten der Vereinigten Nationalen Unabhängigkeitspartei und Präsidenten der Republik Sambia, Dr. Kenneth Kaunda.

22. bis 24. Februar Unter Leitung Erich Honeckers weilt die Partei- und Staatsdelegation der DDR zu einem offiziellen Freundschaftsbesuch in der Volksrepublik Moçambique. Er führt Gespräche mit dem Präsidenten der FRELIMO-Partei und Präsidenten der Volksrepublik Moçambique, Samora Moises Machel. Es wird ein Vertrag über Freundschaft und Zusammenarbeit zwischen der DDR und der Volksrepublik Moçambique unterzeichnet.

6. März Gespräch mit dem Generalsekretär der Brasilianischen Kommunistischen Partei, Luiz Carlos Prestes.

6. April Gedankenaustausch mit dem Generalsekretär der UNO, Dr. Kurt Waldheim.

26./27. April 10. Tagung des ZK der SED. Schlußwort Erich Honeckers.

4. Mai Treffen mit dem Vorsitzenden der Kommunistischen Partei Belgiens, Louis van Geyt.

10./11. Mai Begegnungen mit dem Generalsekretär der Afrikanischen Unabhängigkeitspartei von Guinea und den Kapverden (PAIGC) und Präsidenten der Republik der Kapverden, Aristides Pereira, der die Partei- und Staatsdelegation der Republik der Kapverden leitet, die zu einem Besuch in der DDR weilt.

24. Mai Zusammentreffen mit dem Erzbischof von Canterbury, Dr. Frederic Donald Coggan.

25. Mai Treffen mit ehemaligen leitenden Funktionären des Kommunistischen Jugendverbandes Deutschlands (KJVD), der Sozialistischen Arbeiterjugend (SAJ) und des Sozialistischen Jugendverbandes Deutschlands (SJVD) in Berlin.

1. Juni Eröffnung des Nationalen Jugendfestivals der FDJ auf dem Marx-Engels-Platz in Berlin.

19. Juni Unterredung mit dem Präsidenten der Afrikanischen Volksunion und Kopräsidenten der Patriotischen Front von Simbabwe, Joshua Nkomo, in Berlin.

21. Juni Begegnung mit dem Generalsekretär der Kommunistischen Partei Griechenlands, Harilaos Florakis.

22. Juni Zusammenkunft mit Kultur- und Kunstschaffenden der DDR im Hause des ZK der SED.

28. Juni Gespräch mit dem Generalsekretär der Afrikanischen Unabhängigkeitspartei (PAI) Senegals, Seydon Cissoko.

27. Juli Treffen des Generalsekretärs des ZK der Kommunistischen Partei der Sowjetunion, Leonid Iljitsch Breshnew, mit Erich Honecker auf der Krim.

30. August Begegnung mit dem Parteivorsitzenden der Kommunistischen Partei Finnlands, Aarne Saarinen.

4. Oktober Empfang der Partei- und Regierungsdelegation der UdSSR unter Leitung des Generalsekretärs des ZK der Kommunistischen Partei der Sowjetunion, Leonid Iljitsch Breshnew, die anläßlich des 30. Jahrestags der DDR in Berlin weilt.

6. Oktober Festveranstaltung des Zentralkomitees der SED, des Staatsrats, des Ministerrats und des Nationalrats der Nationalen Front der DDR zum 30. Jahrestag der Deutschen Demokratischen Republik. Erich Honecker hält die Festansprache.

25. Oktober Gedankenaustausch mit dem Vorsitzenden der Südafrikanischen Kommunistischen Partei, Jusuf Dadoo.

12. bis 14. November Erich Honecker leitet eine Partei- und Staatsdelegation der DDR zu einem offiziellen Freundschaftsbesuch in das Sozialistische Äthiopien. Im Verlauf des Besuchs kommt es zu Gesprächen mit dem Vorsitzenden des Provisorischen Militärischen Verwaltungsrats, Vorsitzenden des Ministerrats und Oberkommandierenden der Revolutionären Armee des Sozialistischen Äthiopien, Oberstleutnant Mengistu Haile Mariam. Grundsteinlegung für das erste Karl-Marx-Denkmal auf afrikanischem Boden.

14. bis 17. November Die Partei- und Staatsdelegation der DDR unter Leitung Erich Honeckers besucht die Volksdemokratische Republik Jemen. Erich Honecker führt herzliche Gespräche mit dem Generalsekretär der Jemenitischen Sozialistischen Partei und Vorsitzenden des Obersten Volksrats der Volksdemokratischen Republik Jemen, Abdel Fattah Ismail.

3. Dezember Erich Honecker empfängt die Zentralleitung des Komitees der antifaschistischen Widerstandskämpfer der DDR, die am 1. Welttreffen der ehemaligen Kriegsteilnehmer und Widerstandskämpfer für Abrüstung in Rom teilgenommen hat.

7. Dezember Meinungsaustausch mit dem Generalsekretär der Kommunistischen Partei Chiles, Luis Corvalán.

13./14. Dezember 11. Tagung des ZK der SED. Erich Honecker erstattet den Bericht des Politbüros.

17. Dezember Aussprache mit den Repräsentanten der befreundeten Parteien und des Nationalrats der Nationalen Front der DDR über aktuelle Aufgaben nach der 11. Tagung des ZK der SED.

1980

22. Januar Gespräch mit Gilberto Vieira, Generalsekretär des ZK der Kommunistischen Partei Kolumbiens.

25. Januar Referat auf der Beratung des Sekretariats des ZK der SED mit den 1. Sekretären der Kreisleitungen der SED über die nächsten Aufgaben der Partei bei der weiteren Durchführung der Beschlüsse des IX. Parteitags der SED.

13. März Rede vor Werktätigen des Kombinats VEB Chemische Werke Buna, in der Erich Honecker den Beitrag der chemischen Industrie zur Verwirklichung der Wirtschaftsstrategie der Partei darlegt.

17./18. März Begegnungen mit dem Vorsitzenden des ZK der Nationalen Einheitsfront für die Rettung Kampucheas (NEFRK) und Vorsitzenden des Revolutionären Volksrats der Volksrepublik Kampuchea, Heng Somrin, der die Delegation der NEFRK und des Revolutionären Volksrats der Volksrepublik Kampuchea leitet, die zu einem Freundschaftsbesuch in der DDR weilt. Es wird ein Vertrag über Freundschaft und Zusammenarbeit zwischen beiden Staaten unterzeichnet.

19. März Meinungsaustausch mit dem Vorsitzenden der Deutschen Kommunistischen Partei, Herbert Mies.

25. bis 27. April Gespräche mit dem Generalsekretär der Französischen Kommunistischen Partei, Georges Marchais.

26. April Ansprache auf der Großkundgebung in Brandenburg anläßlich des 35. Jahrestags der Befreiung der antifaschistischen Widerstandskämpfer im Zuchthaus Brandenburg-Görden durch die Rote Armee.

28. April Zusammentreffen mit dem Generalsekretär des ZK der Partei des Volkes Panamas, Ruben Dario Souza.

7./8. Mai Leiter der Partei- und Staatsdelegation der DDR zu den Trauerfeierlichkeiten für den Vorsitzenden des Bundes der Kommunisten Jugoslawiens und Präsidenten der Sozialistischen Föderativen Republik Jugoslawien, Josip Broz Tito. Erich Honecker hat zahlreiche Begegnungen mit Repräsentanten sozialistischer und kapitalistischer Länder.

14./15. Mai Leiter der Delegation der DDR zur Tagung des Politischen Beratenden Ausschusses der Teilnehmerstaaten des Warschauer Vertrages in Warschau.

21./22. Mai 12. Tagung des ZK der SED. Rede Erich Honeckers zur Einberufung des X. Parteitags der SED.

25. Mai Zu Gast beim V. Festival der Freundschaft zwischen der Jugend der UdSSR und der DDR in Karl-Marx-Stadt. Erich Honecker würdigt in seiner Rede auf der Kampfdemonstration der Jugend die Leistungen der jungen Generation beider Bruderländer im Kampf für Frieden und Sozialismus.

27. Mai bis 1. Juni Leiter der Partei- und Staatsdelegation der DDR zum Freundschaftsbesuch der Republik Kuba. Erich Honecker führt Gespräche mit dem Ersten Sekretär des ZK der Kommunistischen Partei Kubas und Vorsitzenden des Staatsrats und des Ministerrats der Republik Kuba, Fidel Castro.

11. bis 14. Juni Begegnungen mit Spyros Kyprianou, Präsident der Republik Zypern, der zu einem Staatsbesuch in der DDR weilt.

13. Juni Zur Vorbereitung des 500. Geburtstags von Martin Luther konstituiert sich in Berlin das Martin-Luther-Komitee unter Vorsitz von Erich Honecker. In einer Rede würdigt er die historischen Leistungen des Reformators.

16. Juni Brief an die Bürger des Wohnbezirks 103 im Stadtbezirk Berlin-Marzahn. Erich Honecker dankt für deren Initiativen zur Vorbereitung des X. Parteitags der SED.

25. bis 27. Juni Leiter der Partei- und Staatsdelegation der DDR zum Freundschaftsbesuch der Sozialistischen Republik Rumänien. Erich Honecker führt Gespräche mit dem Generalsekretär der Rumänischen Kommunistischen Partei und Präsidenten der Sozialistischen Republik Rumänien, Nicolae Ceaușescu.

1. Juli Unterredung mit dem Vorsitzenden der Norwegischen Arbeiterpartei, Reiulf Steen.

11. August Treffen des Generalsekretärs des ZK der Kommunistischen Partei der Sowjetunion, Leonid Iljitsch Breshnew, mit Erich Honecker auf der Krim.

22. bis 24. August Begegnungen mit dem Präsidenten der Republik Sambia, Dr. Kenneth David Kaunda, Präsident der Vereinigten Nationalen Unabhängigkeitspartei (UNJP), der zu einem Staatsbesuch in der DDR weilt.

August In dem anglo-amerikanischen Verlag Pergamon Press Limited erscheint das autobiographische Buch Erich Honeckers «Aus meinem Leben».

8. bis 12. September Erich Honecker nimmt am Manöver «Waffenbrüderschaft 80» der Vereinten Streitkräfte der Teilnehmerstaaten des Warschauer Vertrages auf dem Gebiet der DDR teil. Auf einer Großkundgebung in Potsdam hebt er in seiner Rede hervor, daß die DDR alle Kraft einsetzen wird, um den Frieden zu sichern und die Verteidigung der sozialistischen Errungenschaften zu gewährleisten.

15. September In seiner Rede auf der Festveranstaltung der Jugendhochschule «Wilhelm Pieck» am Bogensee anläßlich des 30. Jahrestags der Namensverleihung würdigt Erich Honecker das verdienstvolle Wirken der Jugendhochschule bei der kommunistischen Erziehung der Jugend und bei der Erfüllung ihrer internationalistischen Verpflichtungen.

17. bis 20. September Begegnungen mit dem Präsidenten der FRELIMO-Partei und der Volksrepublik Moçambique, Samora Moises Machel, der zu einem Freundschaftsbesuch in der DDR weilt.

13. Oktober Rede vor Parteiaktivisten und Propagandisten des Bezirks Gera zu aktuellen Fragen der Innen- und Außenpolitik der DDR.

20. Oktober Eröffnung der Internationalen Wissenschaftlichen Konferenz des ZK der SED «Der gemeinsame Kampf der Arbeiterbewegung und der nationalen Befreiungsbewegung gegen Imperialismus, für sozialen Fortschritt» in Berlin.

21. Oktober Gespräch mit dem Präsidenten des Afrikanischen Nationalkongresses von Südafrika, Oliver Tambo.

22. Oktober Gespräch mit dem Ersten Sekretär des ZK der Kommunistischen Partei Uruguays, Rodney Arismendi.

23. Oktober Unterredung mit dem Nationalen Vorsitzenden der Kommunistischen Partei der USA, Henry Winston.

10. bis 13. November Staatsbesuch in Österreich. Erich Honecker führt Gespräche mit dem Bundespräsidenten der Republik Österreich, Dr. Rudolf Kirchschläger, und dem Bundeskanzler der Republik Österreich, Dr. Bruno Kreisky, und weiteren Persönlichkeiten.

27. November Gespräch mit dem Vorsitzenden der Kommunistischen Partei Dänemarks, Jörgen Jensen.

5. Dezember Leiter der Delegation der DDR zum Treffen der führenden Repräsentanten der Teilnehmerstaaten des Warschauer Vertrages in Moskau.

11. Dezember Gespräch mit den Vorsitzenden der befreundeten Parteien und dem Präsidenten des Nationalrats der Nationalen Front der DDR über die Ergebnisse des Treffens der führenden Repräsentanten der Teilnehmerstaaten des Warschauer Vertrages in Moskau.

29. Dezember Meinungsaustausch mit dem Vorsitzenden des Exekutivkomitees der Palästinensischen Befreiungsorganisation (PLO), Yasser Arafat.

1981

29. Januar Treffen mit dem Generalsekretär der Kommunistischen Partei Chiles, Luis Corvalán.

15. Februar In seinem Schlußwort auf der XIV. Bezirksdelegiertenkonferenz Berlin der SED spricht Erich Honecker über die Aufgaben der Berliner Parteiorganisation in Vorbereitung auf den X. Parteitag der SED.

22. Februar bis 3. März Leiter der Delegation des ZK der SED zum XXVI. Parteitag der Kommunistischen Partei der Sowjetunion in Moskau.

20. März Erich Honecker übergibt das neue Sport- und Erholungszentrum am Berliner Volkspark Friedrichshain seiner Bestimmung.

11. bis 16. April Delegierter zum X. Parteitag der SED, Mitglied des Präsidiums, Leiter des Sekretariats des Präsidiums. Erich Honecker erstattet den Bericht des ZK der SED an den X. Parteitag und hält die Schlußansprache. Wiederwahl als Mitglied des ZK der SED und auf dessen 1. Tagung erneute Wahl zum Generalsekretär des ZK der SED und Mitglied des Politbüros des ZK der SED.

26. bis 31. Mai Staatsbesuch in Japan. Erich Honecker führt Gespräche mit dem japanischen Kaiser Hirohito, dem Ministerpräsidenten Japans, Zenko Suzuki, und weiteren Persönlichkeiten.

5. Juni Rede auf dem XI. Parlament der FDJ, in der Erich Honecker die enge Verbundenheit von Partei und Jugend hervorhebt.

9./10. Juni Als Spitzenkandidat seines Wahlkreises für die Volkskammerwahlen führt Erich Honecker zahlreiche Gespräche mit Werktätigen in Betrieben von Karl-Marx-Stadt.

11. Juni Gespräch mit dem Präsidenten der Befreiungsbewegung von São Tomé und Príncipe und Präsidenten der Demokratischen Republik São Tomé und Príncipe, Dr. Mañuel Pinto da Costa.

19. Juni 2. Tagung des ZK der SED. Rede Erich Honeckers zur Konstituierung der staatlichen Organe.

Unter dem Vorsitz Erich Honeckers findet eine Beratung des Zentralen Demokratischen Blocks der Parteien und Massenorganisationen der DDR über die Konstituierung der staatlichen Organe der DDR nach den Wahlen zur Volkskammer, zur Stadtverordnetenversammlung der Hauptstadt der DDR Berlin und zu den Bezirkstagen der DDR statt.

20. Juni Eröffnung der agra 81, der traditionellen Lehr- und Leistungsschau der sozialistischen Land-, Forst- und Nahrungsgüterwirtschaft der DDR, in Markkleeberg.

25. Juni Die Volkskammer wählt auf ihrer konstituierenden Sitzung Erich Honecker erneut zum Vorsitzenden des Staatsrats und zum Vorsitzenden des Nationalen Verteidigungsrats.

3. August Treffen des Generalsekretärs des ZK der Kommunistischen Partei der Sowjetunion, Leonid Iljitsch Breshnew, mit Erich Honecker auf der Krim.

13. August Rede auf dem Kampfappell von Formationen der bewaffneten Kräfte der Arbeiterklasse anläßlich des 20. Jahrestags des sicheren Schutzes der Staatsgrenze der DDR in Berlin.

9. bis 13. September Staatsbesuch in den Vereinigten Mexikanischen Staaten. Erich Honecker führt Gespräche mit dem Präsidenten der Vereinigten Mexikanischen Staaten, José López Portillo, und weiteren Persönlichkeiten.

17. September Treffen mit dem Generalsekretär der Kommunistischen Partei der USA, Gus Hall.

8. Oktober Auf einer Kundgebung in Leipzig übergibt Erich Honecker das neue Gewandhaus seiner Bestimmung.

12. bis 14. Oktober Begegnungen mit dem Präsidenten der MPLA-Partei der Arbeit und der Volksrepublik Angola, José Eduardo dos Santos, der zu einem Freundschaftsbesuch in der DDR weilt.

23. Oktober Zusammenkunft mit 300 Jugendbrigadieren und FDJ-Aktivisten im Hause des ZK der SED anläßlich des fünfjährigen Bestehens des Zentralen Jugendobjekts «FDJ-Initiative Berlin».

5./6. November Gespräche mit Ali Nasser Mohammed, Generalsekretär des ZK der Jemenitischen Sozialistischen Partei und Vorsitzender des Präsidiums des Obersten Volksrats und des Ministerrats der Volksdemokratischen Republik Jemen, Leiter einer Partei- und Staatsdelegation der Volksdemokratischen Republik Jemen, die zu einem Freundschaftsbesuch in der DDR weilt.

12. November Besuch in der Akademie der Wissenschaften der DDR im Forschungskomplex in Berlin-Adlershof. Erich Honecker informiert sich über grundlegende Forschungsvorhaben und trifft anschließend mit dem Präsidium der Akademie der Wissenschaften der DDR zusammen.

19./20. November 3. Tagung des ZK der SED. Erich Honecker erstattet den Bericht des Politbüros.

2. Dezember Unterredung mit dem Präsidenten des Deutschen Industrie- und Handelstages (DIHT) der BRD, Otto Wolff von Amerongen.

11. bis 13. Dezember Gespräche mit dem Bundeskanzler der Bundesrepublik Deutschland, Helmut Schmidt, im Gästehaus des Staatsrats der DDR am Döllnsee.

21. Dezember Begegnung mit dem Vorsitzenden des Aufsichtsrats der Friedrich Krupp GmbH, Berthold Beitz.

1982

21. Januar Treffen mit dem Präsidenten des Weltfriedensrats, Romesh Chandra.

4. Februar Begegnung mit Harilaos Florakis, Generalsekretär des ZK der Kommunistischen Partei Griechenlands.

12. Februar Beratung des Sekretariats des ZK der SED mit den 1. Sekretären der Kreisleitungen der SED. Erich Honecker spricht über die Aufgaben der Partei bei der weiteren erfolgreichen Verwirklichung der Beschlüsse des X. Parteitags der SED.

22. Februar Gespräch mit dem Präsidenten der Südwestafrikanischen Volksorganisation (SWAPO) von Namibia, Sam Nujoma.

14. März Begegnung auf der Leipziger Frühjahrsmesse mit dem Oberbürgermeister von Neunkirchen (BRD), Peter Neuber, und mit Otto Wolff von Amerongen, Präsident des Deutschen Industrie- und Handelstages der BRD und Vorstandsvorsitzender der Otto Wolff AG.

16. März Unterredung mit dem Vorsitzenden des Landesverbandes Saar der Sozialdemokratischen Partei Deutschlands und Oberbürgermeister von Saarbrücken, Oskar Lafontaine.

29. März Treffen mit dem Ersten Sekretär des ZK der Polnischen Vereinigten Arbeiterpartei, Vorsitzenden des Ministerrats der Volksrepublik Polen und Vorsitzenden des Militärrats für die Nationale Rettung, Armeegeneral Wojciech Jaruzelski, der die Partei- und Staatsdelegation der Volksrepublik Polen zu einem Freundschaftsbesuch in der DDR leitet.

22. April Rede auf dem 10. FDGB-Kongreß in Berlin. Erich Honecker spricht über die wachsende Rolle der Gewerkschaften bei der Gestaltung der entwickelten sozialistischen Gesellschaft und hebt hervor, daß sich die Gewerkschaften immer als treue Kampfgefährten der Partei erwiesen haben.

23. bis 26. April Begegnungen mit dem Vorsitzenden der Deutschen Kommunistischen Partei, Herbert Mies, Leiter der Delegation des Parteivorstandes der Deutschen Kommunistischen Partei, die zu einem Freundschaftsbesuch in der DDR weilt.

13./14. Mai Teilnahme am XII. Bauernkongreß der DDR in Berlin. Erich Honecker hebt in seinem Schlußwort den Beitrag der sozialistischen Landwirtschaft für die Verwirklichung der ökonomischen Strategie der Partei hervor.

19. bis 21. Mai Begegnungen mit dem Generalsekretär des ZK der Demokratischen Volkspartei Afghanistans und Vorsitzenden des Revolutionsrats der Demokratischen Republik Afghanistan, Babrak Karmal, Leiter der zu einem Freundschaftsbesuch in der DDR weilenden Partei- und Staatsdelegation der Demokratischen Republik Afghanistan. Es wird ein Vertrag über Freundschaft und Zusammenarbeit zwischen beiden Ländern abgeschlossen.

2. bis 4. Juni Eine von Erich Honecker geleitete Partei- und Regierungsdelegation der DDR weilt zu einem offiziellen Freundschaftsbesuch in der Ungarischen Volksrepublik. Begegnungen mit János Kádár, Erster Sekretär des ZK der Ungarischen Sozialistischen Arbeiterpartei.

8. bis 10. Juni Gespräche mit dem Vorsitzenden des Politbüros des ZK der Neuen JEWEL-Bewegung und Ministerpräsidenten der Revolutionären Volksregierung Grenadas, Maurice Bishop, der die Partei- und Regierungsdelegation Grenadas leitet, die zu einem Freundschaftsbesuch in der DDR weilt.

14. Juni Übergabe des neuerbauten Chirurgisch-Orientierten Zentrums der Charité in Berlin.

16. Juni Teilnahme an der Wiedereröffnung des Otto-Nagel-Hauses in Berlin.

24. Juni 4. Tagung des ZK der SED. Schlußwort Erich Honeckers.

30. Juni Meinungsaustausch mit den Repräsentanten der befreundeten Parteien und dem Präsidenten des Nationalrats der Nationalen Front der DDR über aktuelle Fragen der Innen- und Außenpolitik.

1. Juli Zusammentreffen mit dem Vorsitzenden der Sozialdemokratischen Partei der Schweiz, Helmut Hubacher.

11. August Treffen des Generalsekretärs des ZK der Kommunistischen Partei der Sowjetunion, Leonid Iljitsch Breshnew, mit Erich Honecker auf der Krim.

21. August Zum Abschluß des VII. Pioniertreffens in Dresden spricht Erich Honecker zu mehr als 150 000 Pionieren und Gästen im Zentrum der Elbestadt. Er ruft die Pioniere auf, für den Frieden zu kämpfen, die DDR zu stärken, antiimperialistische Solidarität zu üben und die Freundschaft zu den Pionieren der Sowjetunion und der anderen sozialistischen Länder zu vertiefen.

23. August Zusammentreffen mit dem Aufsichtsratsvorsitzenden der Friedrich Krupp GmbH, Berthold Beitz.

13. September Gespräch mit Hans-Jürgen Wischnewski, Staatsminister beim Bundeskanzler der BRD.

20. bis 23. September Begegnungen mit dem Generalsekretär des ZK der Laotischen Revolutionären Volkspartei und Vorsitzenden des Ministerrats der Volksdemokratischen Republik Laos, Kaysone Phomvihane, der die Partei- und Staatsdelegation der Volksdemokratischen Republik Laos leitet, die zu einem Besuch in der DDR weilt. Es wird ein Vertrag über Freundschaft und Zusammenarbeit zwischen beiden Ländern unterzeichnet.

2. Oktober Eröffnung der IX. Kunstausstellung der DDR in Dresden.

11. bis 14. Oktober Erich Honecker besucht die Syrische Arabische Republik. Er führt Gespräche mit dem Generalsekretär der Arabischen Sozialistischen Baath-Partei (ASBP) und Präsidenten der Syrischen Arabischen Republik, Hafez al Assad, und weiteren Persönlichkeiten.

14. bis 16. Oktober Staatsbesuch in der Republik Zypern. Erich Honecker führt Gespräche mit dem Präsidenten der Republik Zypern, Spyros Kyprianou, und weiteren Persönlichkeiten.

16. bis 18. Oktober Staatsbesuch in Kuweit. Erich Honecker führt Gespräche mit dem Emir des Staates Kuweit, Scheich Jaber al Ahmed al Jaber al Sabah, und weiteren Persönlichkeiten.

21. Oktober Treffen mit dem Generalsekretär der Portugiesischen Kommunistischen Partei, Alvaro Cuñhal.

25. Oktober Begegnung mit dem Vorsitzenden der Sozialistischen Einheitspartei Westberlins, Horst Schmitt, der eine Delegation des Parteivorstandes der Sozialistischen Einheitspartei Westberlins leitet, die zu einem Freundschaftsbesuch in der DDR weilt.

4. November Gespräch mit dem Generalsekretär des ZK der Kommunistischen Partei der Türkei, I. Bilen.

10. November Meinungsaustausch mit dem Vorsitzenden der Kommunistischen Partei Finnlands, Jouko Kajanoja.

10. November Treffen mit dem Präsidenten des Weltbundes der Demokratischen Jugend, Walid Masri, der anläßlich des Weltjugendtags in der DDR weilt.

22. bis 24. November Gespräche mit dem Vorsitzenden des Präsidiums der Sozialistischen Föderativen Republik Jugoslawien, Petar Stambolić, der zu einem Freundschaftsbesuch in der DDR weilt.

25./26. November 5. Tagung des ZK der SED. Rede und Schlußwort Erich Honeckers.

1. Dezember Meinungsaustausch mit dem Ersten Sekretär des ZK der Kommunistischen Partei Boliviens, Jorge Kolle.

2. Dezember Zusammentreffen mit dem Generalsekretär der Sozialdemokratischen Partei Finnlands, Erkki Liikanen.

10. Dezember Meinungsaustausch mit den Vorsitzenden der befreundeten Parteien und dem Präsidenten des Nationalrats der Nationalen Front der DDR über die innen- und außenpolitischen Aufgaben.

20. bis 22. Dezember Erich Honecker leitet die Partei- und Staatsdelegation der DDR zur Teilnahme an den Feierlichkeiten in Moskau anläßlich des 60. Jahrestags der Gründung der Union der Sozialistischen Sowjetrepubliken.

1983

4./5. Januar Leiter der Delegation der DDR zur Teilnahme an der Tagung des Politischen Beratenden Ausschusses der Teilnehmerstaaten des Warschauer Vertrages in Prag.

11. Februar Meinungsaustausch mit dem Generalsekretär der Sozialistischen Partei Chiles, Clodomiro Almeyda.

18. Februar Beratung des Sekretariats des ZK der SED mit den 1. Sekretären der Kreisleitungen der SED. Erich Honecker spricht über die nächsten Aufgaben der SED bei der weiteren Verwirklichung der Beschlüsse des X. Parteitags.

11. bis 16. April Teilnahme an der Internationalen Wissenschaftlichen Konferenz des ZK der SED «Karl Marx und unsere Zeit – der Kampf um Frieden und sozialen Fortschritt» in Berlin. Erich Honecker hält eine Rede und das Schlußwort der Konferenz. Er begründet die ungebrochene Aktualität der Lehre von Karl Marx und betont die Notwendigkeit, alle Kräfte des Friedens in der Welt zusammenzuführen und eine Koalition der Vernunft und des Realismus zu schaffen. An diesem internationalen Forum beteiligen sich 145 kommunistische und Arbeiterparteien, revolutionäre Vorhutparteien, nationalrevolutionäre Parteien und Befreiungsbewegungen, sozialistische und sozialdemokratische Parteien aus 111 Ländern.
Erich Honecker führt Gespräche mit zahlreichen Teilnehmern der Konferenz.

21. April Teilnahme an der festlichen Wiedereröffnung der rekonstruierten Wartburg, Begegnung mit dem Vorsitzenden des Lutherkomitees der Evangelischen Kirchen in der DDR, Landesbischof Werner Leich.

3. bis 7. Mai Leiter einer Partei- und Staatsdelegation der DDR in der UdSSR. Erich Honecker führt Gespräche mit dem Generalsekretär des ZK der Kommunistischen Partei der Sowjetunion, Juri Andropow.

22. Mai Ansprache auf der Großkundgebung anläßlich des Friedenstreffens der Jugend sozialistischer Länder in Potsdam. Erich Honecker würdigt das gemeinsame Handeln der Jugend der sozialistischen Länder im Kampf um den Frieden.

24. bis 27. Mai Gespräche mit dem Ministerpräsidenten der Republik Simbabwe, Robert Mugabe, der zu einem Freundschaftsbesuch in der DDR weilt.

28. Mai Gespräch mit Hans-Jochen Vogel, Mitglied des Präsidiums des Parteivorstandes der Sozialdemokratischen Partei Deutschlands und Vorsitzender der SPD-Fraktion im Bundestag der BRD.

17. Juni Am Vorabend des Kongresses der Arbeiterjugend der DDR würdigt Erich Honecker junge Werktätige für besondere Verdienste beim Aufbau des Sozialismus und im Kampf um den Frieden mit hohen staatlichen Auszeichnungen.

21. bis 23. Juni Begegnungen mit dem Generalsekretär des ZK der Bulgarischen Kommunistischen Partei und Vorsitzenden des Staatsrats der Volksrepublik Bulgarien, Todor Shiwkow, der die Partei- und Staatsdelegation der Volksrepublik Bulgarien leitet, die zu einem Freundschaftsbesuch in der DDR weilt.

28. Juni Erich Honecker leitet die Delegation der DDR zur Teilnahme am Treffen der höchsten Repräsentanten der Partei und des Staates der Teilnehmerstaaten des Warschauer Vertrages in Moskau.

30. Juni Begegnung mit dem Generalsekretär der Organisation der Vereinten Nationen, Javier Pérez de Cuéllar.

24. Juli Zusammentreffen mit dem Vorsitzenden der CSU und bayerischen Ministerpräsidenten, Franz Josef Strauß, am Werbellinsee.

25. Juli Erich Honecker eröffnet das VII. Turn- und Sportfest und die IX. Kinder- und Jugendspartakiade der DDR in Leipzig.

16. bis 18. August Leiter der Partei- und Staatsdelegation der DDR, die zu einem offiziellen Freundschaftsbesuch in der Volksrepublik Polen weilt. Erich Honecker führt Gespräche mit dem Ersten Sekretär des ZK der Polnischen Vereinigten Arbeiterpartei und Vorsitzenden des Ministerrats der Volksrepublik Polen, Armeegeneral Wojciech Jaruzelski.

24. August Gespräch mit Egon Bahr, Mitglied des Präsidiums des Parteivorstandes der Sozialdemokratischen Partei Deutschlands.

1. September Erich Honecker spricht auf der Friedenskundgebung im VEB Elektro-Apparate-Werke «Friedrich Ebert» in Berlin-Treptow.

2. September Gedankenaustausch mit dem Generalsekretär des ZK der Kommunistischen Partei Venezuelas, Jesús Faria.

5. September Gespräch mit Helmut Schmidt, stellvertretender Vorsitzender der Sozialdemokratischen Partei Deutschlands und früherer Bundeskanzler der BRD.

9. September Meinungsaustausch mit dem Präsidenten der Südwestafrikanischen Volksorganisation (SWAPO) von Namibia, Sam Nujoma.

15. September Zusammentreffen mit dem Regierenden Bürgermeister von Berlin (West), Dr. Richard von Weizsäcker, in Berlin, Schloß Niederschönhausen.

19. September Gespräch mit dem Vorsitzenden des Aufsichtsrats der Friedrich Krupp GmbH, Dr. hc. Berthold Beitz, in Hubertusstock.

21. September Begegnung mit dem Vorsitzenden der Deutschen Kommunistischen Partei, Herbert Mies.

24. September Rede auf dem Kampfappell zum dreißigjährigen Bestehen der Kampfgruppen der Arbeiterklasse in Berlin.

11. bis 14. Oktober Gespräche mit dem Bundespräsidenten der Republik Österreich, Rudolf Kirchschläger, der zu einem Staatsbesuch in der DDR weilt.

20. Oktober Empfang der Mitglieder des Komitees der Verteidigungsminister der Teilnehmerstaaten des Warschauer Vertrages, die anläßlich der Außerordentlichen Tagung des Komitees in Berlin weilen.

31. Oktober Empfang einer Abordnung der Fraktion der Grünen aus der BRD zu einem Meinungsaustausch über aktuelle Fragen der Friedenssicherung.

24./25. November 7. Tagung des ZK der SED. Diskussionsbeitrag Erich Honeckers über die Fortsetzung des bewährten Kurses des X. Parteitags der SED.

29. November Meinungsaustausch mit den Vorsitzenden der befreundeten Parteien und dem Präsidenten des Nationalrats der Nationalen Front der DDR.

2. Dezember Beratung mit den Mitgliedern des Sekretariats des Zentralrats der FDJ über die weitere Verwirklichung der Jugendpolitik des X. Parteitags der SED.

12. Dezember Gespräch mit dem Generalsekretär der Italienischen Kommunistischen Partei, Enrico Berlinguer.

1984

9. Januar Aussprache mit dem Vorsitzenden der Kommunistischen Partei Belgiens, Louis van Geyt.

30. Januar bis 1. Februar Begegnungen mit dem Ministerpräsidenten Kanadas, Pierre Elliot Trudeau, der zu einem Besuch in der DDR weilt.

9. Februar Erich Honecker legt den Grundstein für das neue Wohngebiet Berlin-Hohenschönhausen und spricht in Berlin-Mitte auf einem Meeting zur Übergabe der zweimillionsten Wohnung, die seit 1971 fertiggestellt wurde.

13./14. Februar Teilnahme an den Trauerfeierlichkeiten für den Generalsekretär des ZK der Kommunistischen Partei der Sowjetunion, Juri Andropow, in Moskau. Begegnungen und Gespräche mit Führern von Bruderparteien und Repräsentanten verschiedener Staaten.

20. Februar Meinungsaustausch mit Frau Agatha Barbara, Präsidentin der Republik Malta, die zu einem Besuch in der DDR weilt.

24. Februar Meinungsaustausch mit dem Generalsekretär der Französischen Kommunistischen Partei, Georges Marchais.

5. März Gedankenaustausch mit dem Vorsitzenden der FDP-Fraktion im Bundestag der BRD, Wolfgang Mischnick.

11. März Besuch der Leipziger Frühjahrsmesse. Erich Honecker führt Gespräche mit dem Vorsitzenden des Wirtschaftsausschusses Japan – DDR, Dr. Eishiro Saito, Aufsichtsratsvorsitzender der Nippon Steel Corporation, mit dem BRD-Wirtschaftsminister Dr. Otto Graf Lambsdorff, mit dem Vorsitzenden des Landesverbandes Saar der Sozialdemokratischen Partei Deutschlands und Oberbürgermeister von Saarbrücken, Oskar Lafontaine, mit dem saarländischen Ministerpräsidenten, Werner Zeyer, und mit dem Vorsitzenden der CSU und Ministerpräsidenten des BRD-Bundeslandes Bayern, Franz Josef Strauß.

14. März Gespräch mit Dr. Hans-Jochen Vogel, Mitglied des Präsidiums des Parteivorstandes der Sozialdemokratischen Partei Deutschlands und Vorsitzender der SPD-Fraktion des Bundestags der BRD.

17. Mai Zusammentreffen mit dem Generalsekretär des ZK der Kommunistischen Partei Argentiniens, Athos Fava.

28. Mai Gespräch mit dem Generalsekretär des ZK der Sozialistischen Einheitspartei Mexikos (SEM), Pablo Gomez.

29. Mai bis 3. Juni Begegnungen mit der vom Generalsekretär des ZK der Partei der Arbeit Koreas und Präsidenten der Koreanischen Demokratischen Volksrepublik, Kim Il Sung, geleiteten Partei- und Staatsdelegation der Koreanischen Demokratischen Volksrepublik, die zu einem offiziellen Freundschaftsbesuch in der DDR weilt. Es wird ein Vertrag über Freundschaft und Zusammenarbeit zwischen beiden Ländern unterzeichnet.

12. bis 14. Juni Erich Honecker leitet die Delegation der DDR zur Teilnahme an der Wirtschaftsberatung der Mitgliedsländer des RGW auf höchster Ebene in Moskau.

29. Juni Zusammentreffen mit dem zu einem Besuch in der DDR weilenden Ministerpräsidenten Schwedens, Olof Palme, in Stralsund.

4. bis 6. Juli Begegnungen mit dem Ministerpräsidenten der Griechischen Republik, Andreas Papandreou, in Berlin, der zu einem offiziellen Besuch in der DDR weilt.

9./10. Juli Gespräche mit dem zu einem offiziellen Besuch in der DDR weilenden Vorsitzenden des Ministerrats der Italienischen Republik, Bettino Craxi.

21. bis 23. August Erich Honecker nimmt an den Feierlichkeiten anläßlich des 40. Jahrestags der Revolution der sozialen und nationalen antifaschistischen und antiimperialistischen Befreiung Rumäniens in Bukarest teil. Er trifft zu einem Gespräch mit dem Generalsekretär der Rumänischen Kommunistischen Partei und Präsidenten der Sozialistischen Republik Rumänien, Nicolae Ceauşescu, zusammen.

27. August Gespräch mit dem Präsidenten des Afrikanischen Nationalkongresses (ANC) von Südafrika, Oliver Tambo.

30. August Meinungsaustausch mit dem Generalsekretär des ZK der Kommunistischen Partei El Salvadors, Schafik Jorge Hándal.

5. September Empfang einer Abordnung des Bundesvorstandes Bürgerinitiativen Umweltschutz aus der BRD zu einem Meinungsaustausch.

10. bis 13. September Teilnahme an den Feierlichkeiten aus Anlaß des 10. Jahrestags der Volksrevolution in Äthiopien. Erich Honecker trifft zu einem Gespräch mit dem Generalsekretär des ZK der Arbeiterpartei, Vorsitzenden des Provisorischen Militärischen Verwaltungsrats und Oberkommandierenden der Revolutionären Armee des Sozialistischen Äthiopien, Mengistu Haile Mariam, zusammen.

20. September Begegnung mit Kunst- und Kulturschaffenden der DDR.

1. Oktober Meinungsaustausch mit dem Generalsekretär der Sozialistischen Partei Chiles, Clodomiro Almeyda.
Anläßlich der Wiedereröffnung des Schauspielhauses am Platz der Akademie in Berlin nimmt Erich Honecker an einem festlichen Konzert teil.

6. Oktober Für die DDR unterzeichnet Erich Honecker in Berlin das langfristige Programm der Entwicklung der Zusammenarbeit zwischen der DDR und der UdSSR auf dem Gebiet von Wissenschaft, Technik und Produktion bis zum Jahre 2000.

Festveranstaltung des ZK der SED, des Staatsrats, des Ministerrats und des Nationalrats der Nationalen Front anläßlich des 35. Jahrestags der Gründung der Deutschen Demokratischen Republik im Palast der Republik. Erich Honecker hält die Festansprache.

16. bis 19. Oktober Staatsbesuch in der Republik Finnland. Erich Honecker führt Gespräche mit dem Präsidenten der Republik Finnland, Dr. Mauno Koivisto, und weiteren Persönlichkeiten.

26. Oktober Treffen mit dem Ersten Sekretär der Tunesischen Kommunistischen Partei, Mohamed Harmel.

5./6. November Gespräche mit dem Bundeskanzler der Republik Österreich, Dr. Fred Sinowatz, der zu einem offiziellen Besuch in der DDR weilt.

22./23. November 9. Tagung des ZK der SED. Erich Honecker erstattet den Bericht des Politbüros.

27. November Beratung mit den Vorsitzenden der befreundeten Parteien und dem Präsidenten des Nationalrats der Nationalen Front der DDR über die gemeinsamen Aufgaben zur Vorbereitung des XI. Parteitags der SED.

17. bis 19. Dezember Freundschaftsbesuch in der Demokratischen Volksrepublik Algerien. Erich Honecker führt Gespräche mit dem Präsidenten der Demokratischen Volksrepublik Algerien und Generalsekretär der Partei Nationale Befreiungsfront, Chadli Bendjadid, und weiteren Persönlichkeiten.

1985

11. Januar Gespräch mit dem Ministerpräsidenten des BRD-Landes Nordrhein-Westfalen und stellvertretenden SPD-Vorsitzenden, Johannes Rau.

1. Februar Beratung des Sekretariats des ZK der SED mit den 1. Sekretären der Kreisleitungen der SED. Erich Honecker hält das Referat über die Aufgaben der SED bei der Vorbereitung des XI. Parteitags der SED.

7. Februar Übernahme des Vorsitzes des Komitees zum 750jährigen Bestehen von Berlin.

11. Februar Begegnung mit dem Vorsitzenden der Konferenz der Evangelischen Kirchenleitungen in der DDR, Landesbischof Dr. Johannes Hempel.

13. Februar Rede auf der Großkundgebung auf dem Dresdner Theaterplatz anläßlich des 40. Jahrestags der Zerstörung der Stadt im zweiten Weltkrieg, in der Erich Honecker eindringlich darauf verweist, daß es angesichts der atomaren Bedrohung gegenwärtig nichts Wichtigeres gibt als die Sicherung des Friedens. Am Abend nimmt Erich Honecker an der feierlichen Eröffnung der Semperoper teil.

14. Februar Gespräch mit dem früheren Bundeskanzler der BRD, Helmut Schmidt, in Berlin.

21. Februar Meinungsaustausch mit dem Generalsekretär der Portugiesischen Kommunistischen Partei, Alvaro Cuñhal.

Februar In einer Botschaft an die Staats- beziehungsweise Regierungschefs Argentiniens, Griechenlands, Indiens, Mexikos, Schwedens und Tansanias unterstützt Erich Honecker das Anliegen der «Deklaration von Delhi».

12. März Teilnahme an den Trauerfeierlichkeiten für den verstorbenen Generalsekretär des ZK der Kommunistischen Partei der Sowjetunion und Vorsitzenden des Präsidiums des Obersten Sowjets der UdSSR, Konstantin Tschernenko, in Moskau.

Erich Honecker trifft mit dem Bundeskanzler der Bundesrepublik Deutschland, Helmut Kohl, zu einem Meinungsaustausch zusammen. In einer gemeinsamen Erklärung werden die Unverletzlichkeit der Grenzen und die Achtung der territorialen Integrität und Souveränität aller Staaten in Europa in ihren gegenwärtigen Grenzen als eine grundlegende Bedingung für den Frieden bekräftigt. Weiterhin trifft Erich Honecker mit dem Vorsitzenden der FDP und Bundeswirtschaftsminister der BRD, Dr. Martin Bangemann, zusammen.

23./24. April Offizieller Besuch in der Italienischen Republik; Gespräche mit dem Präsidenten der Italienischen Republik, Dr. Sandro Pertini, und dem Vorsitzenden des Ministerrats der Italienischen Republik, Bettino Craxi.
Audienz bei Papst Johannes Paul II. im Vatikan.

26. April Leiter der Delegation der DDR zum Treffen der führenden Repräsentanten der Parteien und Staaten der Teilnehmerländer des Warschauer Vertrages in Warschau. Unterzeichnung des Protokolls über die Verlängerung der Gültigkeitsdauer des Warschauer Vertrages.

27. April Zum 40. Jahrestag der Befreiung der antifaschistischen Widerstandskämpfer aus dem Zuchthaus Brandenburg-Görden spricht Erich Honecker auf einer Großkundgebung zu über 100000 Einwohnern der Stadt und des Kreises Brandenburg.

5. Mai Freundschaftsbesuch Erich Honeckers in der UdSSR. Zusammentreffen mit dem Generalsekretär des ZK der Kommunistischen Partei der Sowjetunion, Michail Gorbatschow, Eröffnung des «Gedenkmuseums der deutschen Antifaschisten» in Krasnogorsk, Grundsteinlegung für ein Ernst-Thälmann-Denkmal in Moskau.

9./10. Mai Gespräche mit dem Mitglied der Nationalleitung der Sandinistischen Front der Nationalen Befreiung (FSLN) und Präsidenten der Republik Nikaragua, Daniel Ortega.

15. Mai Treffen mit dem Generalsekretär des ZK der Kommunistischen Partei Argentiniens, Athos Fava.

15. bis 17. Mai Gespräche mit dem Vorsitzenden des ZK der Kongolesischen Partei der Arbeit, Präsidenten der Republik und Regierungschef der Volksrepublik Kongo, Denis Sassou-Nguesso, der zu einem Freundschaftsbesuch in der DDR weilt.

16. Mai Meinungsaustausch mit dem Vorsitzenden der Bundestagsfraktion der Sozialdemokratischen Partei Deutschlands, Dr. Hans-Jochen Vogel.

24. Mai Rede auf dem XII. Parlament der Freien Deutschen Jugend in Berlin. Erich Honecker spricht zu den Aufgaben der Jugend bei der weiteren Gestaltung der entwickelten sozialistischen Gesellschaft mit dem Blick auf das Jahr 2000.

28. bis 30. Mai Begegnungen mit dem Generalsekretär der Rumänischen Kommunistischen Partei und Präsidenten der Sozialistischen Republik Rumänien, Nicolae Ceauşescu, der die Partei- und Staatsdelegation der Sozialistischen Republik Rumänien leitet, die zu einem Freundschaftsbesuch in der DDR weilt. Es wird ein langfristiges Programm der Entwicklung der wirtschaftlichen und wissenschaftlich-technischen Zusammenarbeit, der Spezialisierung und Kooperation der Produktion zwischen beiden Ländern bis zum Jahre 2000 unterzeichnet.

3. Juni Eröffnungsansprache auf der 90. Session des Internationalen Olympischen Komitees in Berlin.

5. Juni Meinungsaustausch mit dem Generalsekretär des ZK der Kommunistischen Partei Chiles, Luis Corvalán.

6. Juni Treffen mit Herbert Wehner in Hubertusstock.

10./11. Juni Gespräche mit dem Premierminister der Französischen Republik, Laurent Fabius, der zu einem offiziellen Besuch in der DDR weilt.

14. Juni In seinem Schlußwort auf der 8. Baukonferenz des ZK der SED und des Ministerrats der DDR spricht Erich Honecker über den Beitrag des Bauwesens bei der Verwirklichung des sozialpolitischen Programms der Partei mit seinem Kernstück, dem Wohnungsbauprogramm.

15. Juni Ansprache zum 40. Jahrestag der Gründung des FDGB. Erich Honecker würdigt die Leistungen des FDGB bei der Gestaltung der entwickelten sozialistischen Gesellschaft in der DDR.

20./21. Juni 10. Tagung des ZK der SED. Rede Erich Honeckers zur Vorbereitung des XI. Parteitags der SED.

2. Juli Meinungsaustausch mit dem Generalsekretär der Französischen Kommunistischen Partei, Georges Marchais.

29. August Vor mehr als 2000 Angehörigen von Truppenteilen und Lehreinrichtungen der NVA-Luftstreitkräfte/Luftverteidigung spricht Erich Honecker auf einem Kampfmeeting. Er unterstreicht die hohe Verantwortung der Angehörigen der Nationalen Volksarmee für die Verteidigung und Bewahrung des Friedens als die wichtigste Aufgabe der Gegenwart.

1. September Gedankenaustausch mit Franz Josef Strauß, Ministerpräsident Bayerns und Vorsitzender der CSU, auf der Leipziger Herbstmesse.

2. September Rede auf der Großkundgebung zum 40. Jahrestag der demokratischen Bodenreform in Potsdam.

9. bis 11. September Begegnungen mit dem Ministerpräsidenten der Republik Finnland, Kalevi Sorsa, der zu einem offiziellen Besuch in der DDR weilt.

18. September Treffen mit dem Präsidenten des Deutschen Industrie- und Handelstages und Vorsitzenden des Vorstandes der Otto Wolff AG, Dr. hc. Otto Wolff von Amerongen.

19. September Meinungsaustausch mit dem Vorsitzenden der Sozialdemokratischen Partei Deutschlands, Willy Brandt.

23. September Zusammentreffen mit dem Vorsitzenden des Aufsichtsrats der Friedrich Krupp GmbH, Dr. hc. Berthold Beitz.

Meinungsaustausch mit dem Vorsitzenden des Zentralen Exekutivkomitees der Sozialistischen Partei Japans, Masashi Ishibashi.

30. September Gedankenaustausch mit den Mitgliedern des Sekretariats des Zentralrats der FDJ über die weitere Vorbereitung des XI. Parteitags der SED.

2. bis 4. Oktober Freundschaftsbesuch in der Sozialistischen Föderativen Republik Jugoslawien. Erich Honecker führt Gespräche mit dem Vorsitzenden des Präsidiums des ZK des Bundes der Kommunisten Jugoslawiens, Vidoje Zarković, dem Vorsitzenden des Präsidiums der Sozialistischen Föderativen Republik Jugoslawien, Radowan Vlajković, und weiteren Persönlichkeiten.

9. bis 11. Oktober Staatsbesuch in der Griechischen Republik. Gespräche mit dem Präsidenten der Griechischen Republik, Christos Sartzetakis, mit dem Ministerpräsidenten, Andreas Papandreou, und weiteren Persönlichkeiten.

22./23. Oktober Leiter der Delegation der DDR zur Tagung des Politischen Beratenden Ausschusses der Teilnehmerstaaten des Warschauer Vertrages in Sofia.

28./29. Oktober Besuch Erich Honeckers in der Ungarischen Volksrepublik. Gespräche mit dem Generalsekretär der Ungarischen Sozialistischen Arbeiterpartei, János Kádár. Es wird ein langfristiges Programm der Entwicklung der wirtschaftlichen und wissenschaftlich-technischen Zusammenarbeit zwischen beiden Ländern bis zum Jahre 2000 unterzeichnet.

1. November Meinungsaustausch mit den Vorsitzenden der befreundeten Parteien und dem Präsidenten des Nationalrats der Nationalen Front der DDR über die Tagung des Politischen Beratenden Ausschusses der Teilnehmerstaaten des Warschauer Vertrages in Sofia und die gemeinsamen Aufgaben und Beiträge bei der weiteren Vorbereitung des XI. Parteitags der SED.

13. November Zusammentreffen mit dem Ministerpräsidenten des Saarlandes und Vorsitzenden des Landesverbandes Saar der Sozialdemokratischen Partei Deutschlands, Mitglied des Parteivorstandes der SPD, Oskar Lafontaine.

21. November Teilnahme am Treffen der höchsten Repräsentanten der Teilnehmerstaaten des Warschauer Vertrages in Prag.

22. November 11. Tagung des ZK der SED. Erich Honecker erstattet den Bericht des Politbüros.

26. November Treffen mit dem Generalsekretär des ZK der Kommunistischen Partei der Tschechoslowakei und Präsidenten der Tschechoslowakischen Sozialistischen Republik, Gustáv Husák, in Berlin. Es wird ein Programm der Entwicklung der wirtschaftlichen und wissenschaftlich-technischen Zusammenarbeit zwischen beiden Ländern bis zum Jahre 2000 unterzeichnet.

16. Dezember Treffen mit dem Ersten Sekretär des ZK der Polnischen Vereinigten Arbeiterpartei und Vorsitzenden des Staatsrats der Volksrepublik Polen, Wojciech Jaruzelski, in Warschau. Es wird ein langfristiges Programm der Entwicklung der Zusammenarbeit zwischen beiden Ländern auf dem Gebiet von Wissenschaft, Technik und Produktion für den Zeitraum bis zum Jahre 2000 unterzeichnet.

18. Dezember Gedankenaustausch mit dem Mitglied der Bundestagsfraktion der Sozialdemokratischen Partei Deutschlands, Gerhard Schröder.

20. Dezember Gespräch mit dem Generalsekretär der Sozialistischen Partei Chiles, Clodomiro Almeyda.

1986

9. Februar Rede auf der Bezirksdelegiertenkonferenz der SED in Berlin. Erich Honecker erläutert die Aufgaben der Berliner Bezirksparteiorganisation bei der weiteren Ausgestaltung der Hauptstadt der DDR.

23. Februar bis 6. März Leiter der Delegation des ZK der SED zum XXVII. Parteitag der Kommunistischen Partei der Sowjetunion in Moskau. Treffen mit dem Generalsekretär der Kommunistischen Partei der Sowjetunion, Michail Gorbatschow.

7. März Auf einer Festveranstaltung zum 40. Jahrestag der Gründung der FDJ spricht Erich Honecker zu den historischen Erfahrungen des Jugendverbandes beim Aufbau der sozialistischen Gesellschaft.

14./15. März Teilnahme an den Trauerfeierlichkeiten für den ermordeten Ministerpräsidenten des Königreichs Schweden, Olof Palme, in Stockholm.

16. März Zusammenkunft mit dem Regierenden Bürgermeister von Berlin (West), Eberhard Diepgen, auf der Leipziger Frühjahrsmesse.

17. März Treffen mit dem Vorsitzenden der Freien Demokratischen Partei und Bundesminister für Wirtschaft der BRD, Dr. Martin Bangemann, in Berlin.

21. März Rede auf der Großkundgebung in Halle (Saale) anläßlich des 65. Jahrestags der Märzkämpfe der deutschen Arbeiterklasse.

4. April Ansprache zur Einweihung des Marx-Engels-Forums im Herzen Berlins vor über 50000 Berlinern.

9. April Empfang einer Delegation des Deutschen Turn- und Sportbundes (DTSB). Erich Honecker würdigt den beachtlichen Aufschwung im Massensport und die Erfolge der Leistungssportler und betont, daß die Sportler der DDR zu den aktiven Botschaftern des Friedens gehören.

15. April Am Vorabend des XI. Parteitags der SED, anläßlich des 100. Geburtstags Ernst Thälmanns, wird in Berlin der Ernst-Thälmann-Park mit seinem Wohngebiet übergeben und das Denkmal des großen Arbeiterführers eingeweiht. Erich Honecker spricht auf einer Kundgebung zu mehr als 100000 Berlinern.

17. bis 21. April Delegierter zum XI. Parteitag der SED, Mitglied des Präsidiums und Leiter des Sekretariats des Parteitags. Erich Honecker erstattet den Bericht des ZK der SED an den XI. Parteitag und hält die Schlußansprache. Wiederwahl als Mitglied des ZK der SED und auf dessen 1. Tagung Wahl zum Generalsekretär des ZK der SED und Mitglied des Politbüros des ZK der SED.

5. Mai Gespräch mit einer Delegation des Bundesvorstandes des Demokratischen Frauenbundes Deutschlands (DFD) über den Beitrag des DFD zur Verwirklichung der Beschlüsse des XI. Parteitags der SED.

7. Mai Gedankenaustausch mit dem Ministerpräsidenten von Nordrhein-Westfalen und stellvertretenden Vorsitzenden der Sozialdemokratischen Partei Deutschlands, Johannes Rau, sowie mit dem Ministerpräsidenten des Saarlandes und Vorsitzenden des Landesverbandes Saar der Sozialdemokratischen Partei Deutschlands, Oskar Lafontaine.

14. Mai Meinungsaustausch mit dem Vorsitzenden der Flämischen Sozialistischen Partei (Belgien), Karel van Miert.

16. Mai Gespräch mit dem Ministerpräsidenten von Baden-Württemberg (BRD) und stellvertretenden Vorsitzenden der CDU, Lothar Späth.

21. Mai Zusammentreffen mit dem stellvertretenden Vorsitzenden der Fraktion der Sozialdemokratischen Partei Deutschlands im bayerischen Landtag, Mitglied des SPD-Landesvorstandes und -Präsidiums, Karl-Heinz Hiersemann.

22. Mai Besuch im Kombinat VEB Mikroelektronik «Karl Marx» in Erfurt und im Robotron-Büromaschinenwerk «Ernst Thälmann» in Sömmerda; Gespräche mit den Werktätigen und Rede auf einer Wahlkundgebung in Sömmerda. In der LPG «Fahner Obst» Gierstädt kommt es zu einem freundschaftlichen Zusammensein mit Genossenschaftsbauern.

23. Mai Teilnahme am Kampfmeeting im Hauptwerk des Kombinats VEB Carl Zeiss JENA.

28. Mai Gespräch mit dem Vorsitzenden der Bundestagsfraktion der Sozialdemokratischen Partei Deutschlands, Dr. Hans-Jochen Vogel, im Jagdschloß Hubertusstock am Werbellinsee.

5. Juni Als Spitzenkandidat seines Wahlkreises für die Volkskammerwahlen spricht Erich Honecker auf einer Wahlkundgebung vor 200000 Werktätigen in Karl-Marx-Stadt und bekräftigt, daß die Politik zum Wohl des Volkes und für den Frieden auch künftig das Tun und Handeln von Partei und Regierung bestimmen wird.

10./11. Juni Leiter der Delegation der DDR zur Tagung des Politischen Beratenden Ausschusses der Teilnehmerstaaten des Warschauer Vertrages in Budapest.

13. Juni 2. Tagung des ZK der SED. Rede Erich Honeckers über die Ergebnisse der Tagung des Politischen Beratenden Ausschusses der Teilnehmerstaaten des Warschauer Vertrages.

13. Juni Sitzung des Zentralen Demokratischen Blocks der Parteien und Massenorganisationen unter dem Vorsitz Erich Honeckers zur Auswertung der Wahlen zur Volkskammer, zur Stadtverordnetenversammlung von Berlin und zu den Bezirkstagen vom 8. Juni 1986 und zur Auswertung der Beratung des Politischen Beratenden Ausschusses der Teilnehmerstaaten des Warschauer Vertrages in Budapest.

16. Juni Auf der Konstituierenden Sitzung der Volkskammer wird Erich Honecker erneut zum Vorsitzenden des Staatsrats und zum Vorsitzenden des Nationalen Verteidigungsrats der DDR gewählt.

21. Juni Eröffnung der agra 86 in Markkleeberg durch Erich Honecker. Begegnungen mit Genossenschaftsbauern, Arbeitern und Agrarwissenschaftlern beim Rundgang durch die Ausstellung.

25. bis 27. Juni Staatsbesuch im Königreich Schweden. Erich Honecker führt Gespräche mit dem Ministerpräsidenten des Königreichs Schweden, Ingvar Carlsson, und trifft mit König Carl XVI. Gustaf von Schweden zusammen.

13. August Rede auf dem Kampfappell der Kampfgruppen zum 25. Jahrestag der Sicherung der Staatsgrenze in Berlin.

15. August Gespräch mit dem Präsidenten des Afrikanischen Nationalkongresses (ANC) von Südafrika, Oliver Tambo.

19. August Treffen mit Dr. hc. Berthold Beitz, Vorsitzender des Aufsichtsrats der Friedrich Krupp GmbH.

28. August Meinungsaustausch mit dem Vorsitzenden der frankophonen Sozialistischen Partei (Belgien), Guy Spitaels.

3./4. September Gespräche mit dem Premierminister des Königreichs Belgien, Wilfried Martens, der zu einem offiziellen Besuch in der DDR weilt.

15. bis 18. September Zusammentreffen mit dem Präsidenten der Griechischen Republik, Christos Sartzetakis, der zu einem Staatsbesuch in der DDR weilt.

16. September Begrüßungsansprache auf dem XI. Weltgewerkschaftskongreß in Berlin. Erich Honecker hebt das große Gewicht der internationalen Gewerkschaftsbewegung für die Schaffung eines breiten Bündnisses der Werktätigen der Welt zur Sicherung des Friedens und des gesellschaftlichen Fortschritts hervor.

17. September Meinungsaustausch mit dem Präsidenten der Republik Nikaragua, Mitglied der Nationalleitung der Sandinistischen Front der Nationalen Befreiung (FSLN) und Koordinator des Exekutivkomitees, Daniel Ortega.

3. Oktober Rede Erich Honeckers auf dem Meeting zur Einweihung des Denkmals für Ernst Thälmann in Moskau. Gespräch mit Michail Gorbatschow.

13. Oktober Gespräch mit dem Ministerpräsidenten der Islamischen Republik Iran, Mir Hossein Moussawi.

18. bis 21. Oktober Freundschaftsbesuch in der Koreanischen Demokratischen Volksrepublik. Erich Honecker führt Gespräche mit dem Generalsekretär des ZK der Partei der Arbeit Koreas und Präsidenten der Koreanischen Demokratischen Volksrepublik, Kim Il Sung.

21. bis 26. Oktober Freundschaftsbesuch in der Volksrepublik China. Erich Honecker führt Gespräche mit dem Generalsekretär des ZK der Kommunistischen Partei Chinas, Hu Yaobang, mit dem Mitglied des Ständigen Ausschusses des Politbüros des ZK der Kommunistischen Partei Chinas und Präsidenten der Volksrepublik China Li Xiannian, mit dem Ministerpräsidenten des Staatsrats der Volksrepublik China, Zhao Ziyang, und weiteren Persönlichkeiten.

26. bis 28. Oktober Freundschaftsbesuch in der Mongolischen Volksrepublik. Erich Honecker führt Gespräche mit dem Generalsekretär des ZK der Mongolischen Revolutionären Volkspartei und Vorsitzenden des Großen Volkshurals der Mongolischen Volksrepublik, Shambyn Batmunch. Es wird ein langfristiges Programm der Entwicklung der wirtschaftlichen und wissenschaftlich-technischen Zusammenarbeit im Zeitraum bis zum Jahre 2000 unterzeichnet.

5. November Zusammentreffen mit den Vorsitzenden der befreundeten Parteien und dem Präsidenten des Nationalrats der Nationalen Front der DDR. Erich Honecker informiert über Verlauf und Ergebnisse der offiziellen Freundschaftsbesuche in der Koreanischen Demokratischen Volksrepublik, der Volksrepublik China und der Mongolischen Volksrepublik.

8. November Begegnung mit Herbert Wehner im Jagdschloß Hubertusstock am Werbellinsee.

10./11. November Teilnahme am Arbeitstreffen der führenden Repräsentanten der Bruderparteien sozialistischer Länder, die dem RGW angehören.

20./21. November 3. Tagung des ZK der SED. Schlußwort Erich Honeckers.

4. Dezember Gespräch mit dem Vorsitzenden des ZK der Südafrikanischen Kommunistischen Partei (SAKP), Joe Slovo.

1987

12. bis 14. Januar Begegnungen mit dem Ministerpräsidenten Japans, Yasuhira Nakasone, der zu einem offiziellen Besuch in der DDR weilt.

15. Januar Meinungsaustausch mit dem Generalsekretär der Kommunistischen Partei Spaniens, Gerardo Iglesias.

28. Januar Gespräch mit dem Generalsekretär des ZK der Kommunistischen Partei Griechenlands, Harilaos Florakis.

6. Februar Referat Erich Honeckers auf der Beratung des Sekretariats des ZK der SED mit den 1. Sekretären der Kreisleitungen der SED über die weitere Verwirklichung der Beschlüsse des XI. Parteitags der SED.

11. Februar Meinungsaustausch mit den Repräsentanten der befreundeten Parteien und dem Präsidenten des Nationalrats der Nationalen Front der DDR.

12. Februar Begegnung mit dem Generalsekretär der Italienischen Kommunistischen Partei, Alessandro Natta.

13. Februar Unterredung mit dem Ministerpräsidenten des BRD-Bundeslandes Rheinland-Pfalz, Bernhard Vogel (CDU).

5. März Persönlicher Brief an den Bundeskanzler der BRD, Helmut Kohl. Erich Honecker bekräftigt den Appell, den Vorschlag Michail Gorbatschows, unverzüglich ein gesondertes Abkommen über die Beseitigung aller Mittelstreckenraketen in Europa abzuschließen, zu unterstützen.

12. März Zusammentreffen mit dem Ministerpräsidenten des Saarlandes und Vorsitzenden des Landesverbandes Saar der Sozialdemokratischen Partei Deutschlands, Oskar Lafontaine, Mitglied des Parteivorstandes der SPD.

15. März Besuch der Leipziger Frühjahrsmesse. Erich Honecker führt u.a. Gespräche mit dem Bundesminister für Wirtschaft der BRD und Vorsitzenden der FDP, Dr. Martin Bangemann, mit dem Ministerpräsidenten des Freistaates Bayern und Vorsitzenden der CSU, Franz Josef Strauß, und mit dem Regierenden Bürgermeister von Berlin (West), Eberhard Diepgen.

16. März Unterredung mit dem Ministerpräsidenten des BRD-Bundeslandes Baden-Württemberg und stellvertretenden CDU-Vorsitzenden, Lothar Späth, der die Leipziger Frühjahrsmesse besucht hatte.

23. März Rede auf dem Internationalen Friedensseminar der Jugend vor den Abgesandten der fortschrittlichen Weltjugend aus mehr als 100 Ländern, die auf Einladung des Zentralrats der FDJ in Berlin weilen.

27. März Gespräch mit dem Bundesminister für besondere Aufgaben und Chef des Bundeskanzleramtes der BRD, Dr. Wolfgang Schäuble.

3. April Brief an den Bundeskanzler der BRD, Helmut Kohl, mit dem Vorschlag, Verhandlungen über die Bildung eines atomwaffenfreien Korridors in Mitteleuropa aufzunehmen.

10. April Zusammenkunft mit dem Vorsitzenden der FDP-Fraktion im BRD-Bundestag, Wolfgang Mischnick.

22. bis 25. April Teilnahme an den Beratungen des 11. FDGB-Kongresses in Berlin. Erich Honecker würdigt in seiner Rede am 2. Beratungstag die aktive Rolle der Gewerkschaften als Interessenvertreter der Werktätigen bei der Verwirklichung der Beschlüsse des XI. Parteitages der SED und im Kampf um den Frieden.

7. Mai Begegnung mit Schriftstellern aus 25 Ländern und aus Berlin (West) im Amtssitz des Staatsrates, die auf Einladung des Schriftstellerverbandes der DDR an einem internationalen Schriftstellergespräch unter dem Motto «Berlin – ein Ort für den Frieden» teilgenommen haben.

14. Mai Teilnahme an der feierlichen Übergabe der wiederaufgebauten Nikolaikirche, dem ältesten Baudenkmal und Wahrzeichen Berliner Geschichte, als museale Einrichtung an die Öffentlichkeit.

15. Mai Meinungsaustausch mit dem Vorsitzenden der SPD-Bundestagsfraktion, Dr. Hans-Jochen Vogel im Jagdschloß Hubertusstock am Werbellinsee.

18. Mai Erich Honecker eröffnet die Bauausstellung der DDR, die anläßlich des 750jährigen Bestehens von Berlin gestaltet wurde. Sie ist die bisher größte und umfassendste Leistungsschau in der Geschichte des Bauwesens der DDR.

19. Mai Teilnahme an der Übergabe des wiederaufgebauten Ephraimpalais, einem berühmten historischen Bürgerhaus im Berliner Nikolaiviertel.

21./22. Mai Teilnahme am XIII. Bauernkongreß in Schwerin. Erich Honecker spricht in seinem Schlußwort zu den Ergebnissen und Perspektiven der Agrarpolitik, zum Wesen der sozialistischen Demokratie und zur Friedens- und Dialogpolitik.

25. Mai Erich Honecker eröffnet die Ausstellung «Wissenschaft und Produktion der DDR im Dienste des Volkes» in der Berliner Werner-Seelenbinder-Halle.

28./29. Mai Tagung des Politischen Beratenden Ausschusses der Teilnehmerstaaten des Warschauer Vertrages in Berlin. Erich Honecker eröffnet die Tagung.

1954

Orden des Staatsbanners
der Koreanischen Volksdemokratischen
Republik II. Klasse

1955

Vaterländischer Verdienstorden in Gold

1958

Ehrennadel «Für die sozialistische
Zukunft unserer Jugend»

Medaille für Kämpfer gegen den
Faschismus 1933–1945

Ernst-Grube-Medaille

1959
Verdienstmedaille der DDR

1960

Banner der Arbeit

1961

Friedrich-Ludwig-Jahn-Medaille des
DTSB

1962

Held der Arbeit

1964

Banner der Arbeit

1965

Ehrenspange zum
Vaterländischen Verdienstorden
in Gold

Gedenkmedaille
«20. Jahrestag des Sieges
im Großen Vaterländischen Krieg
1941–1945», UdSSR

1969

Karl-Marx-Orden

Ehrenzeichen für Körperkultur und Sport
der DDR

1970

Lenin-Gedenkmedaille, UdSSR

1971

Ehrenmedaille «Veteran der Arbeit
in Magnitogorsk», UdSSR
Ehrenmedaille der sowjetischen Kriegs-
veteranen, UdSSR
Gedenkmedaille zum 50. Jahrestag
der Kommunistischen Partei
der Tschechoslowakei

Freundschaftsmedaille der Mongolischen
Volksrepublik aus Anlaß des 50. Jahres-
tags des Sieges der Mongolischen
Volksrevolution

Ehrendiplom und Erinnerungsmedaille
des ISB aus Anlaß
des 25. Jahrestags des Internationalen
Studentenbundes

1972

Georgi-Dimitroff-Orden,
Volksrepublik Bulgarien

Goldene Ehrennadel
der XXV. Friedensfahrt

Karl-Marx-Orden

Leninorden, UdSSR

Gedenkmedaille der GSSD, UdSSR

Franz-Mehring-Ehrennadel in Gold

Fritz-Heckert-Medaille in Gold

Jubiläumsmedaille
«90. Geburtstag Georgi Dimitroffs»,
Volksrepublik Bulgarien

1973

Leninabzeichen des Komsomol, UdSSR

Suche-Bator-Orden,
Mongolische Volksrepublik

Frédéric-Joliot-Curie-Medaille in Gold,
Weltfriedensrat

1974

José-Marti-Orden, Republik Kuba

Scharnhorst-Orden

Ehrenurkunde des Weltbundes
der Demokratischen Jugend und
Medaille für antiimperialistische Einheit

«Jugoslawischer Großer Stern»,
Sozialistische Föderative Republik
Jugoslawien

1975

Erinnerungsmedaille der UdSSR
zum 30. Jahrestag des Sieges im Großen
Vaterländischen Krieg 1941–1945

Erinnerungsmedaille aus Anlaß des
30. Jahrestags des slowakischen
Volksaufstandes, des Mai-Aufstandes
des tschechischen Volkes und der
Befreiung der Tschechoslowakei
durch die Sowjetarmee, ČSSR

Erinnerungsmedaille
«Konferenz über Sicherheit und
Zusammenarbeit in Europa», Helsinki

1976

Ehrennadel und Ehrenurkunde
für 50 Jahre Mitglied in der Gewerkschaft

Kubanische Ehrenmedaille
«20. Jahrestag», Republik Kuba

Ehrennadel der URANIA in Gold

1977

Karl-Marx-Orden

Orden der Oktoberrevolution, UdSSR

«Großes Kongolesisches Verdienstkreuz»,
Republik Kongo

Großkreuz mit Kette des Ordens
der Weißen Rose, Republik Finnland

Goldene Erinnerungsplakette
der Stadt Belgrad, Sozialistische
Föderative Republik Jugoslawien

1978

«Omayyad-Orden»,
Syrische Arabische Republik

1979

«Großer Ehrenstern des Sozialistischen Äthiopien»

«Orden der Revolution», Volksdemokratische Republik Jemen

Ehrenurkunde und Ehrennadel 50 Jahre Mitglied der Partei

Mitgliedskarte der Sektion Centro-Porto «V. Jacoponi» und der Frauengruppe «Anne Frank» Livorno der ANPPIA, Nationaler Verband der Politisch Verfolgten und Antifaschisten Italiens, ANPPIA, Mitglied der Internationalen Föderation der Widerstandskämpfer

Johannes-R.-Becher-Medaille in Gold

1980

«Medaille des 17. November», Internationaler Studentenbund

Orden Makarios III, Republik Zypern

1981

Ehrendoktorwürde der Nihon-Universität in Tokio, Japan

Ehrenbürger der Stadt Arita, Japan

«Ernst-Thälmann-Medaille» der FDJ

Ehrenspange der Akademie der Wissenschaften der DDR

Ehrenbürger von Mexiko-Stadt, Republik Mexiko

Ehrenbürger von Mérida, Hauptstadt des mexikanischen Bundesstaates Yucatán

1982

Ehrenmedaille «Für hervorragende und verdienstvolle Gewerkschaftsarbeit in der DDR», FDGB

«Held der Deutschen Demokratischen Republik»

Karl-Marx-Orden

Held der Sowjetunion, UdSSR

Leninorden, UdSSR

Medaille «Goldener Stern», UdSSR

«Goldener Stern», Sozialistische Republik Vietnam

Staatsbannerorden I. Klasse, Koreanische Demokratische Volksrepublik

Orden «Georgi Dimitroff», Volksrepublik Bulgarien

Orden «Stern der Sozialistischen Republik Rumänien» Klasse I mit Schärpe

Orden «Playa Giron», Republik Kuba

«Großes Band des Verdienstordens der Volksrepublik Polen»

«Bannerorden der Ungarischen Volksrepublik mit Diamanten», Volksrepublik Ungarn

«Klement-Gottwald-Orden», ČSSR

Suche-Bator-Orden, Mongolische Volksrepublik

«Goldmedaille für große Verdienste», Weltgewerkschaftsbund

Ehrenmedaille der FIR, Internationale Föderation der Widerstandskämpfer

«Ehrenmedaille des 50. Jahrestags der AKEL», Republik Zypern

Orden Makarios III, Republik Zypern

Ehrenplakette von Nicosia

1983

Goldene Erinnerungsmedaille des Nationalen Verbandes der Politisch Verfolgten und Antifaschisten Italiens (ANPPIA)

Medaille der Werft- und Hafenarbeiter von Livorno, Italien

Simba-Preis 1983, Simba-Akademie Rom, Italien

1985

Medaille «40 Jahre Sieg im Großen Vaterländischen Krieg 1941–1945», UdSSR

«Großes Kongolesisches Verdienstkreuz», Republik Kongo

«Olympischer Orden» in Gold, Internationales Olympisches Komitee

Ehrennadel des Kulturbundes der DDR in Gold

Ehrenbürger von Titograd, Sozialistische Föderative Republik Jugoslawien

«Großes Kreuz des Retters», Republik Griechenland

Gedenkplakette und Medaille zum 40. Jahrestag der Gründung des Weltbundes der Demokratischen Jugend

«Orden der Demokratie» im Grad der Großen Ordenskette, Republik Kolumbien

1986

Ehrennadel des Verbandes der Komponisten und Musikwissenschaftler der DDR in Gold

Orden «Augusto César Sandino» 1. Klasse, Republik Nikaragua

1987

Friedenspreis des Internationalen Olympischen Komitees

Seite 1: Bericht des Zentralkomitees an den VIII. Parteitag der SED; in: Erich Honecker, Reden und Aufsätze, Bd. 1, Berlin 1975, S. 134

Seite 21: Über den gesetzmäßigen Charakter der Wirklichkeit. Beitrag für die Anthologie: Wie ist Wirklichkeit? Vom Vergnügen, Die Welt zu erkennen, Stuttgart 1983; in: Erich Honecker, Reden und Aufsätze, Bd. 9, Berlin 1985, S. 487

Seite 22: Die DDR erfüllt ihre internationalistische Pflicht im Kampf um den Frieden. Gespräch mit der Sonderkorrespondentin der Wochenzeitschrift «Ogonjok», Novella Iwanowa, 19. September 1983; in: Erich Honecker, Reden und Aufsätze, Bd. 9, a. a. O., S. 389/390

Seite 30: Wir tragen das Banner der Revolution voran. Ansprache auf einem Beisammensein mit den FDJ-Sekretären der ausgezeichneten Grundorganisationen, 23. Juli 1973; in: Erich Honecker, Zur Jugendpolitik der SED, Bd. 1, Berlin 1985, S. 459/460

Seite 33: Vorwort zu dem Buch «Aus meinem Leben» für die Ausgabe in russischer Sprache, August 1982; in: Erich Honecker, Reden und Aufsätze, Bd. 9, a. a. O., S. 26

Seite 41: Der Kampf der Jugend für Frieden und Entspannung hat großes Gewicht. Interview der Zeitschrift des Weltbundes der Demokratischen Jugend «Weltjugend», November 1980; in: Erich Honecker, Zur Jugendpolitik der SED, Bd. 2, Berlin 1985, S. 292/293

Seite 47: Die Aufgaben der Sozialistischen Einheitspartei Deutschlands bei der Vorbereitung des XI. Parteitages. Aus dem Referat auf der Beratung des Sekretariats des Zentralkomitees der SED mit den 1. Sekretären der Kreisleitungen der SED, 1. Februar 1985; in: Erich Honecker, Reden und Aufsätze, Bd. 10, Berlin 1986, S. 455

Seite 49: Eine welthistorische Tat, die auch das deutsche Volk befreite. Artikel für «Einheit», 1985, Heft 4/5; in: Erich Honecker, Reden und Aufsätze, Bd. 10, a. a. O., S. 566

Seite 57: Die Freie Deutsche Jugend – das Werk der fortschrittlichen demokratischen Jugend; in: Erich Honecker, Zur Jugendpolitik der SED, Bd. 1, a. a. O., S. 22

Seite 58: Neues Leben – Neue Jugend, Artikel in «Deutsche Volkszeitung», 7. Juli 1945; in: Erich Honecker, Zur Jugendpolitik der SED, Bd. 1, a. a. O., S. 7/8/9

Seite 63: Wilhelm Pieck – bester Freund der Jugend. Artikel zum 70. Geburtstag, 1946; in: Erich Honecker, Zur Jugendpolitik der SED, Bd. 1, a. a. O., S. 54

Seite 70: Staat des Sozialismus – Staat der Jugend. Artikel für die Zeitschrift des Komsomol «Smena», Oktober 1979; in: Erich Honecker, Zur Jugendpolitik der SED, Bd. 2, a. a. O., S. 246

Seite 77: «Gelöbnis der deutschen Jugend»; zit. nach: Geschichte der FDJ, Berlin 1982, S. 183

Seite 96: Das große Programm des Aufstiegs der jungen Generation. Aus dem Bericht vor der Provisorischen Volkskammer der DDR über die Beratung im Jugendausschuß der Volkskammer zum Jugendgesetz, 8. Februar 1950; in: Erich Honecker, Zur Jugendpolitik der SED, Bd. 1, a. a. O., S. 134/135

Seite 104: Erich Honecker, Aus meinem Leben; Berlin 1981, S. 203–206

Seite 109: Referat auf der Beratung des Sekretariats des Zentralkomitees der SED mit den 1. Kreissekretären, 12. Februar 1982; in: Erich Honecker, Reden und Aufsätze, Bd. 8, Berlin 1983, S. 455

Seite 111: ebenda, S. 456

Seite 115: Erich Honecker, Aus meinem Leben, a. a. O., S. 244

Seite 117: Das Bauwesen leistet einen hervorragenden Beitrag zur Stärkung der DDR, zur Sicherung des Friedens. Schlußwort auf der 8. Baukonferenz des Zentralkomitees der SED und des Ministerrates der DDR, 14. Juni 1985; in: Erich Honecker, Reden und Aufsätze, Bd. 10, a. a. O., S. 701

Seite 120: Stärke des Sozialismus – entscheidendes Unterpfand im Kampf für den Frieden. Aus dem Schlußwort auf der XV. Bezirksdelegiertenkonferenz der SED in Berlin, 12. Februar 1984; in Erich Honecker, Reden und Aufsätze, Bd. 10, a. a. O., S. 85, 90/91, 99/100

Seite 135: Das Bauwesen leistet einen hervorragenden Beitrag zur Stärkung der DDR, zur Sicherung des Friedens; a. a. O., S. 692

Seite 136: In der Politik unserer Partei stimmen Wort und Tat überein. Rede auf einem Meeting mit Einwohnern und Bauleuten im Stadtbezirk Berlin-Mitte, 9. Februar 1984; in: Erich Honecker, Reden und Aufsätze, Bd. 10, a. a. O., S. 80

Seite 139: Erich Honecker, Aus meinem Leben, a. a. O., S. 209

Seite 141: ebenda, S. 210

Seite 146: Bericht des Zentralkomitees der Sozialistischen Einheitspartei Deutschlands an den XI. Parteitag der SED; in: Protokoll des XI. Parteitags der Sozialistischen Einheitspartei Deutschlands, Berlin 1986, S. 72/73

Seite 153: Frieden – Hauptfrage unserer Zeit. Ansprache nach dem Rundgang durch den Pavillon der UdSSR auf der Leipziger Frühjahrsmesse, 15. März 1987; in: Neues Deutschland (B) vom 16. März 1987

Seite 155: Reiche Kultur – vom Volke für das Volk geschaffen. Rede bei der Begegnung mit Kunst- und Kulturschaffenden der DDR im Hause des Zentralkomitees der SED, 20. September 1984; in: Erich Honecker, Reden und Aufsätze, Bd. 10, a. a. O., S. 267

Seite 156: Erich Honecker, Aus meinem Leben, a. a. O., S. 345

Seite 177: Die DDR verteidigt die Prinzipien der Olympischen Charta. Rede bei der Eröffnung der 90. Session des Internationalen Olympischen Komitees im Schauspielhaus in Berlin, 3. Juni 1985; in: Erich Honecker, Reden und Aufsätze, Bd. 10, a. a. O., S. 673

Seite 178: Erich Honecker, Aus meinem Leben, a. a. O., S. 220

Seite 187: Der Friedenswille des Volkes und die Friedensdoktrin unseres Staates sind eins. Rede bei der Begegnung mit einer Delegation des Friedensrates der DDR im Amtssitz des Staatsrates, 3. September 1984; in: Erich Honecker, Reden und Aufsätze, Bd. 10, a. a. O., S. 254

Seite 199: Den Frieden lieben, für den Frieden arbeiten, den Frieden verteidigen. Ansprache auf einem Feldmeeting beim Besuch von Einheiten der Landstreitkräfte der Nationalen Volksarmee, 21. Juni 1984; in: Erich Honecker, Reden und Aufsätze, Bd. 10, a. a. O., S. 179

Seite 207: Mit dem «Ernst-Thälmann-Aufgebot der FDJ» vorwärts zum XI. Parteitag der SED! Rede auf dem XII. Parlament der Freien Deutschen Jugend im Palast der Republik in Berlin, 24. Mai 1985; in: Erich Honecker, Reden und Aufsätze, Bd. 10, a. a. O., S. 645

Seite 208: Die XII. Weltfestspiele werden dem Kampf um Frieden kräftige Impulse verleihen. Antworten auf Fragen des Korrespondenten der «Komsomolskaja Prawda», 21. Juli 1984; in: Erich Honecker, Zur Jugendpolitik der SED, Bd. 2, a. a. O., S. 455/456

Seite 212: Ihr habt euch bewährt als Revolutionäre unserer Zeit. Ansprache während des Treffens mit Erbauern der «Drushba-Trasse» im Hause des Zentralkomitees der SED, 5. Oktober 1978; in: Erich Honecker, Zur Jugendpolitik der SED, Bd. 2, a. a. O., S. 181

Seite 221: Euer rotes Halstuch – Symbol des siegreichen Sozialismus. Rede auf der Festveranstaltung zum 25. Jahrestag der Pionierorganisation «Ernst Thälmann» im Berliner Friedrichstadt-Palast, 10. Dezember 1973; in: Erich Honecker, Zur Jugendpolitik der SED, Bd. 1, a. a. O., S. 497/498

Seite 231: Der Bruderbund DDR – Kuba hat ein solides Fundament. Toast bei einem Essen zu Ehren des 2. Sekretärs des Zentralkomitees der Kommunistischen Partei Kubas, Raúl Castro Ruz, Erster Stellvertreter des Vorsitzenden des Staatsrates und Ministerrates der Republik Kuba, Minister der Revolutionären Streitkräfte Kubas, im Palais Unter den Linden, 8. April 1985; in: Erich Honecker, Reden und Aufsätze, Bd. 10, a. a. O., S. 561

Seite 233: Erich Honecker, Aus meinem Leben, a. a. O., S. 380

Seite 239: Rede auf der 2. Tagung des Zentralkomitees der SED, 13. Juni 1986; Berlin 1986, S. 8.

Seite 241: In der DDR haben für alle Zeit Fortschritt und Frieden, Völkerverständigung und Solidarität eine sichere Heimstatt. Rede auf der Festveranstaltung zum 35. Jahrestag der Deutschen Demokratischen Republik im Palast der Republik, 6. Oktober 1984; in: Erich Honecker, Reden und Aufsätze, Bd. 10, a. a. O., S. 311

Seite 255: Referat auf der Beratung des Sekretariats des Zentralkomitees der SED mit den 1. Kreissekretären, 1. Februar 1985; in: Erich Honecker, Reden und Aufsätze, Bd. 10, a. a. O., S. 442

Seite 2
Erich Honecker besucht am 26. April 1980 das neue Elektrostahlwerk in Brandenburg

Seiten 4/5
Erich Honecker spricht auf dem Berliner Anhalter Bahnhof zu einer Gruppe jugendlicher Aufbauhelfer, 1949

Seiten 6/7
Auf der Ehrentribüne während der Kampfdemonstration der Berliner Werktätigen am 1. Mai 1986

Seiten 8/9
Erich Honecker und weitere Mitglieder der FDJ im Gespräch mit Wilhelm Pieck an der Jugendhochschule der FDJ am Bogensee, 14. September 1950

Seiten 10/11
Erich Honecker ist am 16. Januar 1976 herzlich begrüßter Gast der Kumpel des Kalibetriebes «Werra». Vor Ort führt er Gespräche mit den Bergleuten der Brigade «Friedrich Engels»

Seiten 12/13
Herzlicher Händedruck zwischen Erich Honecker und Michail Gorbatschow, Generalsekretär des Zentralkomitees der KPdSU, während des XI. Parteitags der SED, April 1986

Seiten 14/15
Nach seiner Wiederwahl zum Vorsitzenden des Staatsrates wird Erich Honecker vor seinem Amtssitz mit militärischem Zeremoniell begrüßt, 16. Juni 1986

Seiten 16/17
Erich Honecker wird anläßlich eines festlichen Konzertes zur Eröffnung des 750. Berlin-Jubiläums im Schauspielhaus herzlich begrüßt, 1. Januar 1987

Seiten 18/19
Die Mitglieder der Partei- und Staatsführung an der Spitze des Demonstrationszugs der Berliner Werktätigen im Gedenken an die Ermordung Rosa Luxemburgs und Karl Liebknechts, Januar 1984

Seite 20
Die Mutter Karoline Honecker im Kreise ihrer Kinder Willi, Erich, Käthe und Frieda (v. l. n. r.), Aufnahme von 1915/1916

Seite 48
Rotarmisten vor der Siegessäule im Berliner Tiergarten, Mai 1945

Seite 56
Erich Honecker unterzeichnet am 26. Februar 1946 den Gründungsbeschluß der Freien Deutschen Jugend

Seite 76
Die jüngste Abgeordnete der Provisorischen Volkskammer der DDR, Margot Feist, gratuliert Wilhelm Pieck zu seiner Wahl zum Präsidenten der DDR, 11. Oktober 1949

Seite 108
Pioniere gratulieren Erich Honecker zur Wahl zum Ersten Sekretär des Zentralkomitees der SED auf dem VIII. Parteitag der SED, 19. Juni 1971

Seite 116
Blick auf entstehende Wohnhochhäuser im Neubaugebiet Berlin-Marzahn

Seite 138
Erich Honecker im Gespräch mit Arbeiterinnen im Stammbetrieb des Kombinates Lederwaren Schwerin, 20. Mai 1987

Seite 154
Herzliche Begegnung zwischen Erich Honecker und dem Arbeitersänger und Schauspieler Ernst Busch auf einer Veranstaltung der Akademie der Künste am 17. Februar 1977

Seite 176
Tausende Berliner beteiligen sich am volkssportlichen Friedenslauf am 3. Juni 1985

Seite 186
Die neunzehnjährige Abgeordnete der FDJ-Fraktion Heidi Bardölke gratuliert Erich Honecker zu seiner Wahl zum Vorsitzenden des Staatsrats der DDR und überreicht dem neugewählten Staatsoberhaupt der DDR einen Strauß Blumen, 29. Oktober 1976

Seite 198
Erich Honecker im herzlichen Gespräch mit Kommandeuren der Kampfgruppen der Arbeiterklasse während eines festlichen Empfangs, 29. September 1978

Seite 206
Manifestation der FDJ auf dem Berliner Marx-Engels-Platz anläßlich des XI. Parteitages der SED, 18. April 1986

Seite 220
Erich Honecker überreicht auf einem feierlichen Appell im Amtssitz des Staatsrats der DDR erstmals das rote Halstuch an Thälmannpioniere, 10. Dezember 1973

Seite 230
Plakat «Brot statt tot» von Grumbach, Morgner, Mahler

Seite 238
Leitungen zur Energieversorgung der im RGW verbundenen sozialistischen Bruderländer

Seite 254
Die Erde – der blaue Planet, Aufnahme von Bord eines sowjetischen Raumschiffes

Impressum

Im Verlag Neues Leben
herausgegeben von Rudolf Chowanetz

Gesamtgestaltung: Wolfgang Geisler

ISBN 3-355-00577-0

Lizenz Nr. 303 (305/331/87)
LSV 0288
Gesamtherstellung:
Druckerei Fortschritt Erfurt
Bestell-Nr. 644 371 2
03900

Fotonachweis

ADN-Zentralbild (67),
ADN-Zentralbild/AP (1),
ADN-Zentralbild/TASS (2),
ADN-Zentralbild/Ahnert (1),
Altwein (1), Beyer (1),
von Billerbeck (1), Bredel (1), Busch (7)
Dahlke (2), Demme (3), Donath (3,)
Dreyer (1), Fieguth (1), Franke (49),
Gabriel (1), Gahlbeck (2), Graf (1),
Grubitzsch (2), Häßler (2), Haseloff (2),
Heilig (5), Heinrich (1), Hesse (1),
Jakobson-Sonnenfeld (1), Junge (8),
Kemlein (2), Klein (1), Kluge (1),
Koard (14), Köhler (1), Kohls (2),
Lehmann (1), Link (35), Lochmann (2),
Manbar (1), Mittelstädt (10), Müller (1),
Quaschinsky (4), Reiche (21), Rudolph (2),
Schaar (2), Schindler (14), Schlegel (1),
Schloß (1), Schmidt (2), Schmidtke (1),
Schneider (4), Seidel (1), Senft (1),
Settnik (3), Siebahn (1), Sindermann (2),
Spremberg (5), Steinberg (1), Sturm (7),
Thieme (5), Tjomin (1), Weisflog (1),
Wittig (1), Zimmermann (3), Zühlsdorf (2)

Dietz Verlag (2),
Redaktion «Freie Welt» (3),
Institut für Marxismus-Leninismus
beim ZK der SED/
Zentrales Parteiarchiv (55),
Der Kinderbuchverlag (6),
SED-Bezirksleitung Karl-Marx-Stadt (2),
Staatsarchiv Potsdam (1),
Verlag Junge Welt (16),
Verlag Junge Welt/Eckebrecht (2),
Höhne (3), Koal (5), Oberst (1),
Wagner (1),
Verlag Neues Leben (30),
Zentrales Haus der DSF (1),
Zentralrat der FDJ/Zentrales Archiv (16)

Billeb (1), Billhardt (5), Dressel (2),
Ettelt (1), Fromm (2), Gregor (1),
Jürgens (1), Kirchmair (1), Kronfeld (1),
Meißner (1), Müller/Straube (6),
Schlage (2), Thonfeld (2), Wonneberger (6)

Plakat, Seite 230:
Morgner/Grumbach/Mahler

Schutzumschlagfotos:
Peter Koal (1), Ilona Ripke (2)